Peut-être
l'unique exemplaire ?

15 A 7

ORGANT,

POËME

EN VINGT CHANTS.

Vous, jeune homme, au bon sens avez-vous
dit adieu ?

GILBERT, Sat. du XVIIIe siecle.

(par Saint-Just).

AU VATICAN.

1789.

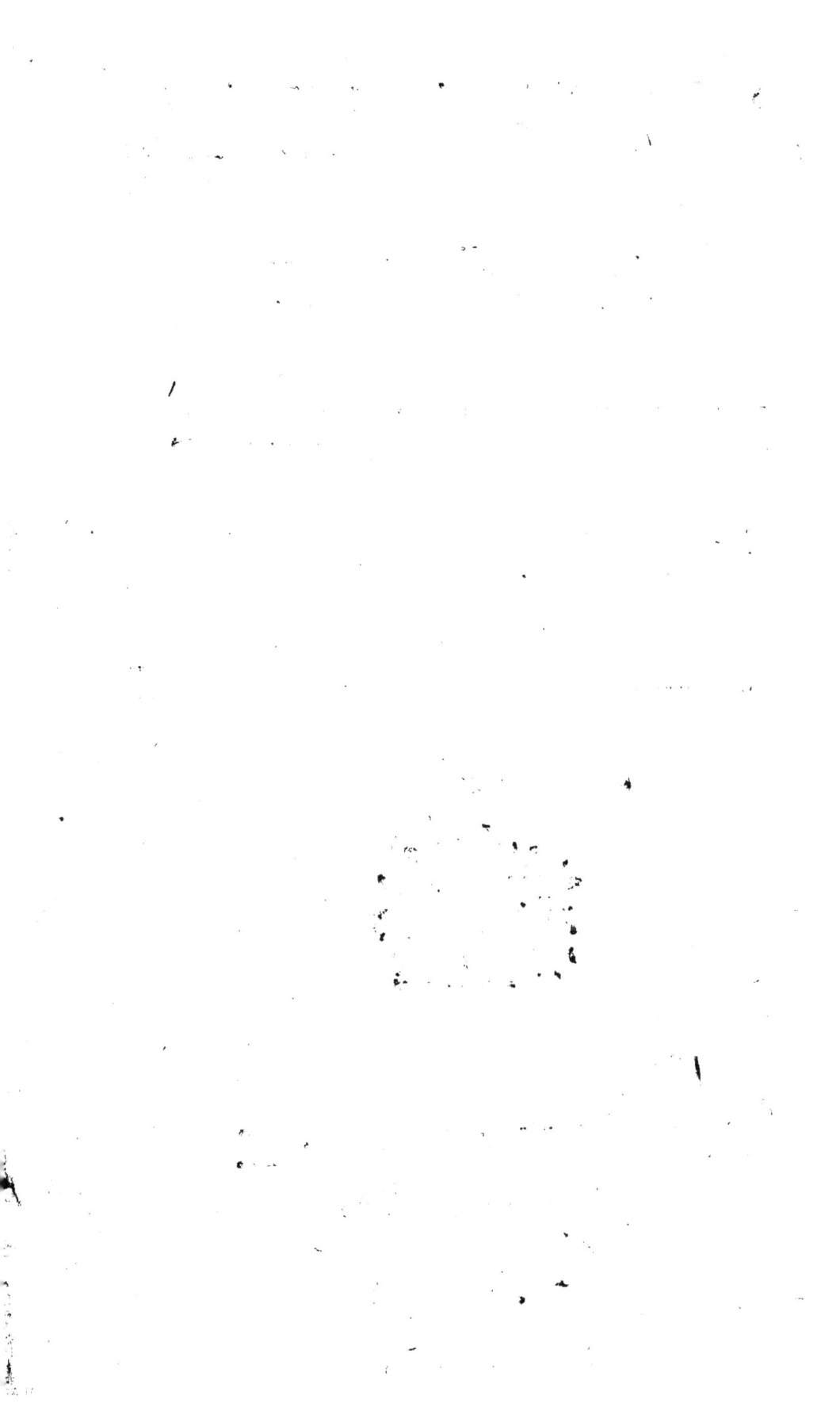

PRÉFACE.

J'AI vingt ans; jai mal fait; je pourrai faire mieux.

A 2

ORGANT,

POËME

EN VINGT CHANTS.

CHANT I.

ARGUMENT.

Comment Sornit devint âne ; comment sa mie Adelinde fut violée par un Hermite ; comment l'Amour délivra Sornit ; comment la Folie devint Reine du monde.

Il prit un jour envie à *Charlemagne*
De baptiser les Saxons mécréans :
Adonc il s'arme, & se met en campagne,

Suivi des Pairs & des Paladins francs.

Monsieur *le Magne* eût mieux fait, à mon sens,

De le damner que de sauver les gens,

De s'enivrer au milieu de ses Lares,

De caresser les Belles de son temps,

Que parcourir maints rivages barbares,

Et pour le Ciel consumer son printemps.

 Dix ans entiers, sur les rives du Xante,

On vit aux mains les Mortels & les Dieux.

Passe, du moins c'était pour deux beaux yeux,

Et cette cause était intéressante :

Mais je plains bien les Héros que je chante.

Comme des fous, errans, sans feu ni lieu,

Depuis quinze ans, les sires vénérables

Et guerroyaient, & s'en allaient aux diables,

En combattant pour la cause de Dieu.

Tout allait bien, & le bon Roi de France

De triompher caressait l'espérance,

Quand lui, l'armée, & tout le peuple franc,

devinrent fous, & vous saurez comment.

 Le blond *Sornit*, Sire de Picardie,

Ayant en croupe *Adelinde* sa mie,

Errait au sein d'une épaisse forêt,

Où le pouvoir d'une triste magie,

Des voyageurs plaisamment se jouait.

Le passager un siecle cheminait

De çà , de là , par maintes avenues ,
A droite , à gauche , & fans trouver d'iffues ;
Car la forêt , par un enchantement ,
Suivait les gens , s'avançait à mefure ,
De quel côté qu'on tentât aventure.

 Sornit le preux s'ennuyait cependant ;
Dans ces déferts fa valeur abufée ,
Depuis long-temps ne s'était exercée ;
Sornit brûlait de fignaler encor
Et fon grand cœur & fa haute vaillance ,
Pour *Adelinde* , & l'Amour , & la France.
De temps en temps il fonnait de fon cor ;
Tout répondait par un profond filence.
Mais un beau foir il voit venir enfin
Un Chevalier enveloppé d'airain,
Le pot en tête , & la lance à la main ,
Et fous lequel un pallefroi fuperbe ,
D'un pied léger effleure à peine l'herbe,
Il accourait à pas précipités ;
Sornit s'avance , & lui crie : Arrêtez ,
Chevalier preux , fi n'êtes pour la France.
Je fuis pour moi, dit l'autre avec fierté ,
Et fur le champ remets à ma puiffance
Ce Palefroi, cette jeune Beauté ,
Si n'aimes mieux mourir pour leur défenfe.
 Vain Chevalier , les perdrai s'il le faut ,

Dit le Picard, mais périrai plutôt ;
Et tout à coup ses yeux bleus s'arrondissent,
Et l'un sur l'autre ils fondent tous les deux :
Sous les éclairs leurs casques retentissent,
La forêt tremble & les chevaux hennissent.
Plein de fureur, l'un & l'autre guerrier,
En cent détours, & de taille & de pointe,
Multipliait le volatil acier.
Par-tout la force à l'adresse était jointe.
Tantôt le fer, étendu mollement,
Du fer rival suivait le mouvement ;
Puis tout à coup leur fougue redoublée,
D'un bras soudain alongé, raccourci,
Cherche passage au sein de l'ennemi,
Et fait frémir la forêt ébranlée.

Alinde en pleurs, un bras au ciel tendait,
Et son amant de l'autre entrelaçait ;
Ses cris perçans & le bruit de l'épée,
De la nuit sombre augmentent la terreur ;
Elle criait, d'épouvante frappée :
Ah ! déloyal, percez plutôt mon cœur !

A la faveur de son coursier agile,
Notre inconnu s'élance brusquement,
Prend dans ses bras Adelinde immobile,
Pique des deux, & fuit comme le vent.
Glacé de honte, enflammé de courage,

Plein de regret, plein d'amour, plein de rage,
Sornit s'emporte, & vole fur fes pas.
Linde criait, & lui tendait les bras :
Bientôt après devant eux fe préfente,
Environné d'une onde tranfparente,
Un grand châtel, couvert de diabloteaux
Tenant en mains des torches, des fanaux,
Dont le zéphyr, dans les replis des flots,
Allait brifer l'image étincelante.
Sornit hâtait fon cheval au galop.
Au fon du cor le pont-levis s'abaiffe,
L'inconnu paffe, & *Sornit* auffi-tôt.
Soudain le pont fe leve avec vîteffe ;
Tout difparaît, les fanaux font éteints.
Devers le ciel *Sornit* tendait les mains ;
Par-tout il roule une ardente prunelle,
A haute voix *Adelinde* il appelle.
Rien ne répond : feul, l'écho de ces lieux
Renvoyait *Linde* à fon cœur amoureux.
A la douleur fuccede la furie.
La lance au poing, il faute de cheval :
J'aurai ma Dame, ou j'y perdrai la vie.
La porte était d'un acier infernal ;
fa lance en feu contre elle fe partage,
Plus furieux de fe voir défarmé,
En cris confus il exhale fa rage.

Quand tout à coup il se trouve enfermé.

Le cœur humain est né pour la faiblesse ,
Et l'héroïsme est un joug qui l'oppresse.
Le Chevalier commença par jurer ,
Par braver tout , & finit par pleurer.

Dans le château quand *Linde* fut entrée ,
Le ravisseur , la tenant par la main ,
La conduisit, interdite , éplorée ,
En certain lieu lugubre & souterrain ;
Puis il s'en fut. Il paraît à sa place
Un gros Hermite enflammé par la grace .
A la lueur d'un lustre de cristal.
Ses yeux brillaient d'un éclat infernal ;
Le Moine en rut , dans sa rage cinique ,
Sur ses appas porte une main lubrique ;
D'un bras nerveux à terre il vous l'étend ,
Et *Linde* en pleurs criait : Mon Révérend !
Ce fut en vain ; d'une moustache rude
Il va pressant sa bouche qui l'élude ,
Et sa main dure , en ces fougueux transports ,
De ce beau sein meurtrissait les trésors.
Linde mourait de plaisir & de rage ,
Le maudissait en tortillant du cu ,
Et quelquefois oubliait sa vertu.

Oh ! qu'il est doux , dans le feu du bel âge ,
Pour un tendron , à son penchant livré ,

De recevoir fur fes levres brûlantes
Mille baifers d'un amant adoré ,
De le preffer en des mains careffantes ,
De fe livrer & fe laiffer charmer !
Mais qu'il eft trifte , hélas ! de fe confondre
Avec quelqu'un qu'on ne faurait aimer ,
De fe fentir à regret enflammèr ,
Et malgré foi brûler & lui répondre !

Linde pleuroit dans les bras du vilain.
Après qu'il eut fa luxure affouvie ,
Il l'emmena fur une tour d'airain ,
Qui commandait à toute la prairie.

Tel autrefois Saint-Jean le fonge-creux,
Dans fon défert , rêvant l'Apocalypfe , .
Etait porté fur la voûte des cieux ,
Comme Lanfberg pour prédire une éclipfe ;
Il voyait là des animaux pleins d'yeux ,
Des chandeliers , des vents , des fauterelles ,
Des chevaux blancs, & quelques jouvencelles ;
Linde ne vit ces objets merveilleux ,
Et feulement le déloyal Hermite
Vous la pofa brufquement de fon long
Sur un chariot traîné par un Démon
Qui dans les airs foudain fe précipite.

« Adieu la belle ; adieu, dit l'homme à froc,
» Dans un défert prenez en patience

» Cette aventure , & je jure Saint-Roch

» Que de vos jours ne reverrez la France :

» Vous apprendrez le but de l'Enchanteur ».

Mais ſuivons *Linde* ; elle appelle mon cœur.

    Après avoir , dans ſa courſe rapide ,

Un jour entier fendu l'eſpace vide ;

Après avoir franchi de vaſtes mers ,

Des monts , des lacs , des cités , des déſerts ,

Son charléger s'abattit de lui-même

Sur un rocher où Neptune orageux

Venait briſer ſes flots impétueux.

Dans le tranſport de ſa douleur extrême ,

De cris perdus elle frappa les cieux ,

Et mille pleurs coulerent de ſes yeux.

    « Quelle eſt , hélas ! quelle eſt ma deſtinée !

» S'écria-t-elle , après quelques inſtans ,

» Dans l'univers errante , abandonnée ,

» Triſte jouet de noirs enchantemens ,

» Loin d'un amant à vivre condamnée !

» C'eſt donc ici que le ciel rigoureux

» Fixe à jamais mon deſtin amoureux.

» Que deviendrai-je en ces déſerts ſauvages ?

» J'entends la mer ſe briſer ſur ces plages ;

» Tout eſt brûlé des feux ardens du jour....

» Ainſi mon cœur eſt brûlé par l'amour !

» O mon amant quel effroyable eſpace

» En ce moment te fépare de moi !

» Que dis-je ? hélas ! mon cœur eft près de toi ;

» Le tien peut-être a volé fur ma trace » !

Alinde alors pouffa de longs fanglots ,

Fondit en pleurs , & tomba fur le dos.

Dans ce moment d'amour & d'infortune ,

Tendre Sornit, que n'étais-tu préfent !

Ces yeux errans fous leur paupiere brune ,

Ces bras d'ivoire étendus mollement ,

Ce fein de lait que le foupir agite ,

Et fur lequel deux fraifes furnageaient ,

Et cette bouche & vermeille & petite

Où le corail & les perles brillaient ,

Au Dieu d'amour tes baifers demandaient.

Quelques inftans , Adelinde , plaintive ,

De fon amour entretint les regrets ;

Et foit le bruit des vagues fur la rive ,

Soit même encor cette ftupide paix

Qui naît du choc de nos troubles fecrets ;

Elle dormit. Le Maître du tonnerre

Fit le fommeil exprès pour la mifere.

Dans une tour , notre amant enfermé ,

Voyant Alinde à fes baifers ravie :

« Amour , dit-il, Amour qui m'as charmé ;

» Ah ! fuis ma Dame , & protege fa vie ;

» Rappelle-lui fes plaifirs, fes fermens ;

B

» Protége-la contre les maléfices,

» Contre elle-même & les enchantemens,

» Et quelquefois peins-lui tous les supplices

» Qu'elle me coûte en ces lieux effrayans.

» Quand elle dort, que ta voix lui rappelle

» Dans ces cachots que je veille pour elle ».

Comme il parlait, le tendre Chevalier

Sentit son dos en voûte se plier;

En un poil dur sa peau douce est changée,

Ses mains d'ivoire & ses pieds rembrunis

En un sabot font soudain racornis,

Pousse une queue, & sa tête alongée

D'oreilles d'âne est bientôt embranchée.

Tendre *Sornit*, du moins, dans ton malheur,

L'enchantement ne changea point ton cœur !

Il veut parler, ses soupirs énergiques

Font du châtel résonner les portiques.

Le Dieu d'amour, qui l'avait entendu,

Pleure le trait que son arc a perdu.

« Eh quoi ! dit-il, moi, le Roi de la terre,

» J'aurai rendu cent Héros mes captifs,

» Et j'aurai fait qu'un ange de lumiere

» Aura quitté le séjour du tonnerre,

» Pour forniquer avec deux tetons juifs ;

» Et mon courroux n'aura pas la puissance

» De se venger d'une telle insolence !

» Ah ! pour jamais périſſe mon carquois,
» Si le Ténare eſt rebelle à ma voix ,
» Si les Démons , les vents , & le tonnerre ,
» Au même inſtant ne ſervent ma colere ».

Amour alors , affourché ſur un vent,
Pique des deux , & vole au firmament.
Il était l'heure où , des grottes de l'onde,
Phébus ſe leve aux barrieres du monde.

Les Chérubins , dans leurs alcoves d'or,
Sur l'édredon là-haut dormaient encor.
Amour arrive , & le vaſte Empirée
De tout côté frémit à ſon entrée ;
Et ſa préſence a plongé tous les cieux
Dans un repos tendre & voluptueux.

Dieu ſommeillait ſans ſceptre & ſans couronne,
Sur le dernier des degrés de ſon trône ,
Le cou poſé ſur un broc de nectar ;
Et cependant les rênes de la Terre
Erraient ſans guide & flottaient au haſar.
Amour les prit , & monté ſur un char
Qui contenait l'attirail du tonnerre ,
La foudre en main , il ſillonne les airs ,
Menace , rit, évoque les enfers.
Le jour s'enfuit , l'éclair part , le ciel gronde,
Mille Démons , mille ſpectres hideux,
De leurs nazeaux , de leurs cuis, de leurs yeux,

Soufflent dans l'ombre une lueur immonde.

Le gros Hermite , au donjon de sa tour ,
En cercles vains agite sa baguette ;
Enchantemens , grimoires , amulette ,
Tout est rebelle , & tout cede à l'Amour.
L'Hermitte enfin sort par une fenêtre ,
Assis en l'air sur un grand farfadet ;
Sa dextre main une corne tenait ,
L'autre la queue , & le monstre planait.
L'on vit soudain la forêt disparaître ,
Et le château du profane Enchanteur
Dans l'horizon s'éclipser en vapeur.
Il ne resta qu'un âne dans la plaine :
Cet âne-là l'on devine sans peine.
Amour sourit avec un air malin ,
De ce triomphe , ouvrage de sa main.
Aux flancs de l'âne il ajuste ses aîles ,
D'un bond léger lui saute sur le dos ,
Et de sa voix caressant les échos ,
Sornit s'éleve aux plaines éternelles.

Sauf le dessein , peut-être audacieux ,
De dérober la foudre dans les cieux ,
L'on applaudit à l'heureuse aventure ,
Qui de l'Hermite a puni la luxure.
Mais cet amour , enfant capricieux ,
Le plus petit & le plus grand des Dieux ,

Pour l'intérêt d'une faible vengeance,
En arrachant aux fers un Paladin,
En prépara d'autres au genre humain,
Surcroît aux maux qui menacent la France.
Amour partit, & laissa dans les airs,
Et le tonnerre, & les fatales rênes,
Au gré du vent flottantes incertaines ;
Mais les coursiers qui, frappés des éclairs,
Ne sentent plus de main qui les réprime,
Des cieux profonds escaladent la cîme ;
Leur frein rougit d'une écume de feu,
Leur crin se dresse, ils s'agitent, hennissent,
Et par les airs, d'un pied fougueux bondissent :
Le char s'ébranle, & la foudre s'émeut ;
Son roulement remplit au loin le vide,
Frappe le ciel, emporte les coursiers,
Qui, furieux, impétueux, légers,
Enflamment l'air dans leur course rapide.
Des Chevaliers qui regagnaient le camp,
Virent de loin ce spectacle frappant.
Chacun avait sa douce amie en croupe
Loyalement, & l'amoureuse troupe
Allait errant & par monts & par vaux,
Anes la nuit, & le jour des Héros.

Trois ils étaient, le Sire *de Narbonne*,
Guy de Bretagne, *Etienne de Péronne* ;

Tous fort courtois & loyaux Paladins,
Cherchant par-tout les hautes aventures,
Couverts d'honneur, de fange, & de bleſſures ;
Car nos aïeux, comme nous, étaient vains,
Braves, légers, & de la renommée,
D'un nez avide avalant la fumée :
Juſques au bout les Gaulois feront ains.

Le Chevalier *Etienne de Péronne*,
Avecque lui belle Dame menait,
Qu'à fétoyer les gens il obligeait,
Comme charmante & benoîte perſonne,
Qui des humains les autels méritait.
Cettuite dame, on l'appelait *Folie* ;
Son œil était égaré, mais fripon.
Telle devrait ſe montrer la Raiſon ;
Elle plairait par la ſupercherie,
Et ferait plus, par un coin de teton,
Qu'avec Socrate, & Jéſus, & Platon.
Folie eſt ſotte ; oui, mais elle eſt jolie ;
Elle ſuivait en croupe le Héros,
En ſecouant un eſſaim de grelots,
Dont la criarde & bruyante muſique
Eût détraqué de ſtoïques cerveaux.
Sa robe était toute hiérogliphique ;
On y voyait, en forme de plein chant,
Les œuvres, noms, & grotesques figures

Des plus grands fous du paffé , du préfent ;
Et qui plus eft , ceux des races futures.
Ici *Céfar* , cet honnête brigand ;
Là ce bandit , dont la rage infernale
Enfanglanta l'univers gémiffant ,
Et qui ferait à mes yeux bien plus grand ,
S'il n'eût jamais vaincu que *Bucéphale* ;
Là ces fléaux que le Nord inhumain
Contre l'Europe a vomi de fon fein ;
Là *Louis·IX* , ce fou bien plus bizarre ,
Qui faintement facrilége & barbare ,
Sut déguifer , fous la caufe du Ciel ,
L'ambition de fon cœur plein de fiel ,
Et dans un temps chrétiennement ftupide ,
Fit honorer une main homicide ,
En colorant , par des fignes de croix ,
Le noir penchant de fon cœur difcourtois.
Là *Charles-Quint* , au fond d'une cellule ,
Dupe du ciel , l'imbécille caffar
Devait troquer le fceptre de Céfar ,
Et le laurier contre un froc ridicule ;
Grand par fottife , & dévot par fierté.
Là *Henri II.* , ladre de volupté ,
Baifant *Diane* au déclin de fa vie ,
Et careffant fes tetons de harpie.
Vous étiez là , pauvres fous , bien déçus ,

Vieux Licophrons du Concile de Trente,
Cardinaux ronds, Moines, Prélats joufflus ;
Le Saint-Efprit riait de votre attente,
Et de vous voir fottement abfolus,
Donner le ciel, & réformer Jéfus.
Là le profil de *Sixte le Cinquieme.*
On diftinguait, autour des falbalas,
Maints beaux efprits du fiecle dix-huitieme ;
Piis était par hafard vers le bas ;
Mais on ne peut le reconnaître à l'aife ;
Car cet endroit de la robe qui pefe,
A balayé dans quelques chemins gras.

   Dame *Folie,* en ce bel équipage,
Depuis long-temps faifait route & voyage.
Avec le Sire elle avait parcouru
Pays lointains, & fon cul étendu
dans l'univers, fur-tout dans ma patrie,
Qui depuis onc ne s'en eft départie.

   Quand elle vit le char & les courfiers,
Elle quitta nos pénauds Chevaliers,
Et pour manteau leur laiffant fon génie,
Avec le char s'envola comme Elie.
Elle s'envole, &, nouveau Phaéton,
De l'univers détraque le timon.
Tous les pays où fon goût la dirige,
Perdent le fens ; le fceptre des humains,

Ce sceptre d'or, travesti dans ses mains,
Seme par-tout un esprit de vertige.
Elle parcourt les rivages gaulois,
bords fortunés & soumis à ses lois.
Là de tout temps elle fut adorée,
Comme Phébus à Delphes autrefois,
Et le soleil, de la voûte éthérée
N'éclaire point, dans ce fol univers.
A son amour des rivages plus chers.

———————————

CHANT II.

ARGUMENT.

Comment Vitikin partit de fon camp pour aller demander du fecours aux Alains; funefte péché du faint Archevéque Turpin.

L'ASTRE du jour , forti du fein de l'onde,
Avait franchi les barrieres du monde.
Charles , fuivi de fes fiers efcadrons ,
Se mit en marche , & fuivit les Saxons.
Une derniere & fanglante défaite
Les avoit fait reculer vers le Rhin ,
Non par frayeur , car ce peuple hautain
Avait encore *Vitikin* à fa tête ,
Et ne cédait qu'à l'effort du deftin.

　Vaincus toujours , & toujours invincibles ,
Chaque revers les rendait plus terribles ;
Ils renaiffaient de leurs propres débris ,

Et *Vitikin*, maître de leurs efprits,
Aux noms facrés de dieux & de patrie,
Les enflammait du mépris de la vie.
Guerrier habile, & guerrier malheureux,
Ame & foutien de la caufe commune,
Il maîtrifa quelquefois la fortune,
Et fa vertu lutta contre les Dieux.

Il confervait, au fein de la vieilleffe,
Toute l'ardeur d'un jeune Paladin ;
De fa vieilleffe on ne connut enfin
Que les vertus, & jamais la faibleffe.
La renommée apprit à *Vitikin*
Qu'*Eratre-Hirem*, Prince du peuple Alain,
Etoit paffé devers la Germanie,
Noyait la Saxe, & bloquait *Herminie*.
Cette cité, qui fleuriffait alors,
A difparu ; fur la terre tout paffe.
Achille, Hector, Agamemnon font morts,
Et de Carthage on ignore la place.
Nos ennemis balancerent long-temps
S'ils marcheroient contre *Hirem* ou les Francs.
De *Vitikin* la politique habile
Sut profiter même de fes revers.
Dans un confeil il affemble fes Pairs.

« Seigneurs, dit-il d'un air noble & tranquille,
» Le fort fe plaît à nous perfécuter ;

» Mais en dépit de la fortune même,

» De quelque espoir j'ose encor me flatter.

» Que si les Dieux , par un arrêt suprême ,

» Ont résolu la perte des Saxons ,

» Soumettons-nous , mes amis , & mourons ;

» Mais n'allons point nous abattre d'avance.

» Le Ciel est juste ; il frappe les méchans ;

» Nos ennemis ne sont que des brigands ,

» Et notre espoir est dans notre innocence.

» Sans le savoir , peut-être les Alains

» Ne sont venus que pour notre défense.

» Ingénieux dans sa lente vengeance ,

» Le Ciel , formant à son gré nos destins ,

» Donne le change aux jugemens humains.

» Je vais aller , au danger de ma vie ,

» Trouver *Hirem* dans les murs d'*Herminie*.

» S'il est hardi , je saurai l'enflammer

» Du noble espoir de venger nos outrages ;

» S'il aime l'or , un brigand doit l'aimer ,

» Il me suivra par l'espoir des ravages.

» Les justes Dieux sauront me protéger ,

» Et si je meurs , vous saurez me venger ».

Le lendemain , dès que l'aube naissante

Eut éclairé la terre blanchissante ,

Le Roi de Saxe attela ses coursiers ,

Et prit au nord le chemin d'*Herminie* ,

Avea

Avec un Page & quelques Chevaliers ,
Les compagnons des travaux de ſa vie.
Le Roi laiſſa , pour gouverner le camp ,
Sa brue *Hélene* , & ſon fils *Hydamant*.
« Tendres époux , eſpoir de ma vieilleſſe ,
» Embraſſez-moi , leur dit-il en pleurant ;
» Grand *Irminſul* , prête-leur ta ſageſſe ,
» Et ſois leur pere , au lieu d'un pere abſent !
» Je vais aller trouver un peuple impie ,
» Sans frein , ſans mœurs , ſans pays , & ſans lois.
» Je me dévoue aux Dieux , à la Patrie ,
» Et ce n'eſt point pour la premiere fois !
» Depuis trente ans j'ai blanchi ſous les armes ,
» Et mon viſage eſt ſillonné de larmes.
» Imitez-moi ; ſi je viens à mourir ,
» Jurez aux Francs une haîne invincible,
» Pourſuivez-les juſqu'au dernier ſoupir ,
» Et répandez ſur ma tombe ſenſible ,
» Au lieu de pleurs , le ſang des ennemis ;
» Au lieu de fleurs , leurs armes en débris.
» Souvenez-vous que mon ombre indignée ,
» Après ma mort , doit vivre parmi vous ,
» Pour animer , pour diriger vos coups.
» Si vous cédez à la France étonnée ,
» Tremblez , ingrats , tremblez ; je vous attends ,
» Et j'armerai ma rage de ſerpens ,

C

» Pour vous punir du bonheur de la **France**,
» Et de laiffer *Vitikin* fans vengeance.
» Je pars , & laiffe entre les Francs & nous ,
» le Rhin , mon nom , les Dieux vengeurs & vous »
   Le Roi de France & fa gauloife armée ,
Ivres de fang , de gloire , & de fumée ,
Devers le Rhin précipitaient leurs pas ,
D'autant plus fous qu'ils ne s'en doutaient pas.
Pleins des vapeurs de leur fainte fortune ,
Ils fe flattaient de baptifer bientôt ,
Et le Saxon , & le Maure , & le Got ;
Et cependant le Diable qui n'eft fot ,
Se flattait lui qu'il groffirait la lune
De leurs projets. Le Démon eft madré ,
Et quand il a par fa griffe juré ,
Ce n'eft en vain. « Faifons pécher la France ,
» Dit *Satanas* , & nous verrons bientôt
» Le Ciel vengeur abandonner, *Charlot.*
» Le bon Adam , de mémoire gloutonne ,
» Pour un péché , damna le genre humain ;
» Le Juif David perdit jadis un trône ,
» Pour un baifer que fa bouche felonne
» avait cueilli fur un teton payen ».
   Las ! il s'y prit d'affez gente maniere.
L'armée arrive auprès d'une riviere ,
Et l'on allait s'élancer dans les flots ,

Quand tout à coup une force inconnue
Fit friffonner la furface des eaux ,
Et tous les cœurs de l'armée éperdue.
Au même inftant, d'un tourbillon léger ,
Qui vint au bord en cercles expirer ,
L'on vit fortir une Nymphe gentille ;
Son char était en forme de coquille ;
Effaims d'Amours à l'entour voltigeaient ;
Ses beaux cheveux au gré de l'air flottaient ,
Et des pigeons doucement la traînaient :
Ses yeux en pleurs parcoururent la rive.
« Hélas ! dit-elle , & d'une voix plaintive ,
» Que n'avez-vous choifi quelque autre bord ,
» Cœurs inhumains , pour voler à la mort ,
» Sans effrayer mes rivages paifibles
» Par l'appareil de ces armes terribles,
» Et préparer à mon cœur innocent
» L'affreux remords du fort qui vous attend !
» Où courez-vous , infenfés que vous êtes ?
» A des combats , des lauriers , des conquêtes ?
» Le temps a-t-il fi peu de prix pour vous ,
» Que de la mort vous foyez fi jaloux ?
» Quand le printemps échauffe la nature ,
» Quand tout refpire & tout chante l'amour ,
» Vous défertez vos châteaux & la Cour ,

C 2

» Pour vous charger d'une cuiraffe dure ,

» Chercher l'honneur quand le plaifir fourit ,

» Chercher la mort alors que tout revit !

 » Et toi , cruel , dont la rage implacable

» Aime à traîner au milieu des combats

» ton peuple doux , & né pour être aimable ,

» De tes fureurs n'es-tu point encore las ?

» Eft-ce trop peu pour ta noire furie

» D'avoir de fang inondé l'Italie ?

» Eft-ce par-là , monftre , que tu foutien

» Le nom de grand & celui de chrétien ?

» Que t'avaient fait ces lointaines contrées ,

» Par tes fureurs à la flamme livrées ?

» Que t'avaient fait ces enfans , ces vieillards

» Leur crime donc étoit d'être Lombards !

» Le tien , barbare , eft d'être fanguinaire ,

» Et pour le ciel de faccager la terre.

» Jeunes Guerriers , fenfibles à ma voix ,

» Ne courez point à ces lâches exploits ;

» Le temps , cette ombre & légere & frivole ,

» Trop tôt , hélas ! & nous quitte & s'envole !

» Ces vains lauriers , dont le renom trompeur

» paye le fang que l'on vend à l'honneur ,

» Que valent-ils , après tout , fans la vie ?

» Et que fert-il à l'homme qui n'eft plus ,

» D'avoir été fameux par des vertus ?

» Le héros dort fous fa tombe flétrie ,
» Et les amours viennent danfer deffus !
  » Si la fureur tellement vous anime ,
» Que tous vos cœurs à ma voix foient fermés ,
» Partez , volez , combattez & mourez :
» Mais de vos maux épargnez-moi le crime ;
» Et fans troubler & déchirer mon fein ,
» Allez mourir par un autre chemin ».
  Vous avez vu quelque belle affligée
Entre la crainte & l'efpoir partagée ,
Mouiller de pleurs ou la gaze ou le lin ,
Qui rougit , s'enfle , & s'empreint fur fon fein ,
Lever au ciel une vue attendrie ,
Et proférer avec un air plaintif
Les noms d'amour , d'honneur , de perfidie,
A ce délire , enfant d'un amour vif ,
Bientôt fuccede un air morne & penfif ,
Et tour à tour elle paffe de même
De cette paix à ce délire extrême.
  Telle parut la Nymphe fur les eaux ,
Lorfque fa bouche eut prononcé ces mots.
  Brulés d'amour , les yeux baignés de larmes ,
Les Paladins laiffaient tomber leurs armes.
Charles le voit , & piquant fon courfier ,
Dans la riviere il faute le premier.
L'armée eut honte alors de fa faibleffe ;

On court, on vole, on le fuit, on fe preffe,
Et notre Nymphe, en jetant des fanglots,
Fut fe cacher & pleurer fous les flots.

    Ce trait fans doute était fort honorable;
Mais, mes amis, foyons de bonne foi;
Le trifte honneur de triompher de foi
Vaut-il encore une faibleffe aimable ?
Le Diable en l'air, fur un rayon perché,
A vu s'enfuir fa coupable efpérance,
Avec *Charlot*, la *Nymphe* & le *Péché*.
Parmi la fleur des pénaillons de France,
Nul ne trébuche, & le courroux d'en haut
Fut allumé; par qui? par un dévot.
Or vous faurez qu'il était dans l'armée
Certain Prélat tout bouffi de vertus,
Mufqué de grace, & fourré d'orémus,
Nommé *Turpin*, de mémoire embaumée.
La Belle en pleurs quand le faint homme vit,
En fe fignant, fon cou tors il tendit,
Et fe tapit chaftement fous des faules.

    Moi j'aurais cru que fi l'Efprit malin,
Par un péché pouvait perdre les Gaules,
C'aurait été quelque fier Paladin
Qui l'eût commis. L'*Archevéque* en priere,
Jufqu'à la nuit refta fous la bruyere;
Et dès que l'ombre obfcurcit le lointain,

Les yeux baiffés , il defcend au rivage ,
Et l'Efprit faint lui dicte ce langage ,
Qu'il prononça d'un air tendre & benin.

   « Quitte le fond de ta grotte , ô ma brune ,
» Ouaille pie , & dans mes bras bénis ,
» Viens oublier tes peines & foucis ;
» Point n'ai trempé dans l'injure commune ,
» Bien tu le vois ; Dieu me perde à tes yeux ,
» Plutôt que faire ainfi qu'ils ont fait , eux ».

   Du haut du Ciel alors le bon *Saint-Pierre*
Avait baiffé fes yeux creux fur la terre ;
Du faint Evêque il était le patron ;
Il le couvait de fon regard paterne ,
Et lui prêtait quelquefois fa raifon ,
Pour lui fervir ici bas de lanterne.
Las ! il partit du féjour éternel ,
Pour lui fauver ce doux péché mortel.
Le bon Apôtre en fa main , comme un cierge ,
Tient en volant fa luifante flamberge ,
Et de fon corps l'éclat éblouiffant
Trace dans l'air un fillon ondoyant.
Il approchait du monde fublunaire ,
Quand tout à coup une voix de tonnerre ,
De certain *B.* fit retentir les airs.
Pierre fe tourne , & voit l'Efprit pervers :
Il eft glacé d'une peur effroyable ,

Mais se rassure & s'avance. Le *Diable*
lui dit : « *Pierrot*, je t'attendais ici.
» *Fils de P.* je te cherchais aussi,
» Lui riposta le Saint d'une voix ferme.
» C'est aujourd'hui que nous allons vider
» Nos vieux débats ; Dieu met ici le terme
» A ton audace, & va me seconder ».

　　Parlant ainsi d'une voix nazillarde,
Le *Saint* tremblant poignit sa hallebarde ;
L'*Ange cornu*, dressant son noir griffon,
Se précipite, & le combat s'engage.
O Dieu de paix, vous le permîtes donc !

　　Pierre, aveuglé par sa chrétienne rage,
souille ses mains sur le cuir d'un Démon.
Muse, redis cette fatale noise.
Entre leurs mains l'acier brille & se croise,
Et les combats du Grec & du Troyen,
Et de *Tancrede*, & du fier Circassien,
Si redoutable autrefois dans Solime,
N'approchent point de la savante escrime,
Acharnement, fureur, vivacité
Dont combattait notre couple irrité.

　　Mathieu Paris, homme à cervelle anglaise,
De qui je tiens ceci, par parenthese,
Dit là-dessus, c'était assez leur lot ;
L'un était diable, & l'autre était dévot.

Par un détour, *Satan*, avec sa queue,
Au nez du *Saint* laisse la place bleue.
L'Anglais *Mathieu*, qui rapporte ce trait,
Aurait bien dû nous dire à ce sujet
Comment l'esprit peut être susceptible
De recevoir quelque empreinte sensible.
Néant de l'homme ; on peut être Breton,
Et n'avoir pas pourtant toujours raison.
. Très-prudemment *Saint-Pierre* crie à l'aide ;
Un Ange vient. *Satan* appelle à lui ;
Arrive alors un Diable quadrupede,
vomissant flamme, enfumé, velu, cui.
Ses hurlemens font retentir l'espace ;
Sur les deux Saints il fond avec audace,
Les met en fuite : ils appellent encor.
Un bataillon arrive pour renfort.
Tout l'Enfer vient, le Ciel se multiplie,
Et l'intérêt d'un combat singulier
Cause bientôt un horrible incendie.
L'on voit par-tout luire l'affreux acier ;
De tous côtés les bataillons chancelent,
Et tous les yeux du fureur étincelent.
Lorsque l'*hiver*, en son char nébuleux,
S'est élancé des sommets de la Thrace,
Et couronné de frimas & de glace,
Souffle la mort dans nos champs orageux,

Les bois déserts jauniffent les rivages
De moins d'effaims de leurs triftes feuillages ;
Qu'on ne voyait de cimeterres nus ,
De chars de feu roulans fur les nuages ,
De bataillons fierement étendus ,
De braquemarts, de boucliers , de cafques ,
Et de Démons fous des formes fantafques.

　Là , l'on voyait de petits Anges blonds,
Aux aîles d'or , aux yeux bleus , aux culs ronds ;
L'àrc à la main , comme l'enfant de Gnide ,
Sur des rayons voltiger par le vide.
Ici volaient de brillans Chérubins ,
Environnés de défuntes nonnains.
Là des Prélats, tous chamarrés d'étoles ,
Vêtus de rouge & coiffés d'auréoles ,
Brillaient encor de ce coloris vif ,
Dont ici bas l'auftere pénitence ,
Les oraifons , l'amour contemplatif
Enluminaient leur dévote éminence.

　Mais d'autre part les guerriers infernaux
Offraient à l'œil un fpectacle effroyable ;
Là d'un dragon la croupe épouvantable ,
En cent replis recourbe fes anneaux ,
Là des géans à tête de cyclope ,
Là dans les airs un Centaure galope :
L'un eft chameau, l'autre vautour, & bref ,

Un autre Moine, oreille d'âne au chef.
Au même inftant où les troupes groffirent,
Le *doux Apôtre* & le *Roi* des Maudits
Avaient laiffé leur combat indécis ;
Les efcadrons à leur voix s'arrondirent.
Tout orgueilleux de foumettre l'Enfer.
Pierre, animé, grimpe fut un éclair ;
Devant fes pas marche la Renommée,
Trompe à la bouche, une oreille à la main,
Emblême fiere des prouefles du Saint.
Pierre fe figne, & bénit fon armée.
Le *Satanas*, fur un dragon de feu,
Volait en l'air, & fa bouche enflammée
Tint ce difcours : « Fiers ennemis de Dieu,
» Voici le Ciel, autrefois votre place ;
» De mon forfait je n'ai point de remord ;
» Par un nouveau, couronnons notre audace,
» Et vengeons-nous de l'injure du fort.
» Il l'a voulu ; par un coup de tonnerre
» Précipités du féjour de lumiere,
» Le noir Ténare, en fes flancs odieux,
» Servit d'afile à l'élite des Dieux.
» J'ai tout perdu, ma dignité fuprême,
Mon fceptre d'or, & ce trône immortel
» Qui dominait les Puiffances du Ciel ;
» Mais, malgré tout, je fuis encore moi-même,

» Indépendant des arrêts du Deftin,

» J'étais un Dieu , je le ferai fans fin ,

» Et les fillons de la foudre éclatante ,

» Et les tourmens de la *Gehene* ardente ,

» Ne peuvent point arracher à mon cœur

» Ni repentir , ni l'aveu d'un vainqueur.

» Je fus jadis , dans l'Olimpe célefte ,

» Le Dieu du bien ; le mal & la fierté

» Sont mon effence & ma divinité.

» J'ai tout perdu , mon courage me refte

» Pour triompher ici de nos rivaux ,

» Ou pour braver des fupplices nouveaux ».

   Qu'on fe figure Amphitrite immobile ,

Roulant fes plis d'une hale ine tranquille ,

Les Alcyons promenans leurs berceaux ,

& les Tritons fe jouant fur les eaux ;

Puis tout à coup les cieux qui s'obfcurciffent ,

La mer en feu , les nochers qui pâliffent ,

Et les éclairs , & la foudre, & le vent ,

Qui méconnaît l'empire du Trident.

Ainfi l'on voit les Guerriers qui s'avancent ,

Avec le bruit des clairons belliqueux ,

Réglant leur pas fier & majeftueux ;

Mais tout à coup au fignal ils s'élancent :

Leur choc affreux fit retentir le ciel ;

Des chars de feu les débris voltigerent,

                                        Et

Et des éclairs de l'acier immortel
De tous côtés les nuages brillerent,
Au même instant, les damnés, les élus,
Diables & Saints se virent confondus.
Les escadrons se choquent, se disperfent,
Sur les coursiers les coursiers se renverfent.

   Avant que *Dieu*, de son souffle puissant,
Eût débrouillé l'Empire du néant,
Des élémens la guerre épouvantable,
Et leurs combats & leurs rebellions
N'expriment point le défordre effroyable
Que *Mars* souffloit parmi les bataillons.

   On se pourfend, on s'écrafe, on se perce ;
On jure, on crie, on s'avance, l'on fuit ;
On se mefure, on court, on se pourfuit,
Comme les flots que le vent bouleverfe.
Egale rage, égal acharnement,
Le fabre en main, là marche *Foutriquant*,
Tout devant lui fuit comme la poussiere ;
Les Saintes, non ; car ce Diable paillard
Eft chamarré, pardevant & derriere,
De ces hochets qu'*Héloïfe* trop tard
Redemandait à son cher *Abailard*.
De plus en plus redouble le carnage ;
L'on se bleffait, mais l'on ne mourait pas.
   Sur l'arc-en-ciel, entouré d'un nuage,

En fe fignant, Jéfus difait : Hélas !
Pourrai-je voir une telle furie ?
Non. A ces mots , il appelle les vents ,
Trouble les airs , fait gronder les Autans ,
Et d'eau bénite il répand une pluie.
Il fallait voir tous les Diables rôtis
Prendre la fuite en jetant de grands cris.
Moins promptement les vents foumis fe turent ,
Quand *Neptunus*, armé de fon trident ,
Leva le front fur l'humide élément.
En un inftant les Diables difparurent.
Sur fon éclair, *Pierrot* les pourfuivait ,
Tout agité d'une fureur tranquille ,
Criant du ton que jadis il prêchait :
« Où courez-vous , troupe vaine & fervile ?
» Lâches , allez dans l'éternelle nuit
» Cacher au Ciel l'opprobre qui vous fuit.
» Quelle terreur glace votre courage ?
» L'eau vous fait peur ! Ah ! je croirais bien plus
» Que vous craignez le deftin de *Malcus* » !
Le Saint , du gefte appuyant ce langage ,
Contre un effaim des profanes Efprits
Laiffe échapper la clef du Paradis ;
De cette clef des Diables s'emparerent ,
Et dans le Ciel bientôt fe renfermerent.

CHANT III.

ARGUMENT.

Comment l'Archevêque Ebbo *devint le* Calchas *de l'armée : suite du péché du saint Archevêque* Turpin.

JE veux bâtir une belle chimere ;
Cela m'amuse & remplit mon loisir.
Pour un moment, je suis Roi de la terre ;
Tremble, méchant, ton bonheur va finir.
Humbles vertus, approchez de mon trône ;
Le front levé, marchez auprès de moi ;
Faible orphelin, partage ma couronne....
Mais, à ce mot, mon erreur m'abandonne ;
L'orphelin pleure : ah ! je ne suis pas Roi !
Si je l'étais, tout changerait de face ;
Du riche altier qui foule l'indigent,
Ma main pesante affaisserait l'audace,
Terrasserait le coupable insolent,
Eleverait le timide innocent.

D 2

Et peferait, dans fa balance égale,
Obfcurité, grandeur, pauvreté, rang.
Pour annoncer la majefté royale,
Je ne voudrais ni gardes, ni faifceaux.
Que *Marius* annonce fa préfence
Par la terreur & la clef des tombeaux ;
Je marcherais fans haches, fans défenfe,
Suivi de cœurs, & non pas de bourreaux.
  Si mes voifins me déclaraient la guerre,
J'irais leur dire : « Ecoutez, bonnes gens ;
» N'avez-vous point des femmes, des enfans ?
» Au lieu d'aller enfanglanter la terre,
» Allez vous rendre à leurs embraffemens ;
» Quittez ce fer & ces armes terribles,
» Et comme nous, allez vivre paifibles ».
  Mon peuple heureux, mais heureux dans fes ports,
Sans profaner, aux rives étrangeres,
Sa cendre due aux cendres de fes peres,
S'enrichirait de fes propres tréfors,
Et fleurirait à l'ombre refpectable
Des vieilles lois de nos fages aïeux,
Arbres facrés, recours des malheureux.
Sans que jamais mon fceptre audacieux
Osât flétrir leur mouffe vénérable.
Je laifferais le *Turc* & le *Huron*
Se faire un Dieu chacun à leur façon.

Bien pénétré du sublime syſtême
Que Dieu n'eſt rien que la ſageſſe même,
Et que l'honneur, la vertu, la raiſon,
Bien avant nous, dans *Emile* & *Caton*,
Valaient leur prix, ſans le ſceau du baptême.

Si *Charlemagne* eût comme moi penſé,
Il aurait eu maints déplaiſirs de reſte.
Devers le Rhin il s'était avancé,
toujours armé pour la cauſe céleſte.
Enflé déjà de ſes exploits nouveaux,
Il s'apprêtait à traverſer les flots ;
Mais de revers une invincible nue
Le menaçait : la ſource en eſt connue.

L'Evêque *Ebbo*, qui liſait couramment,
Etait alors un prodige étonnant.
Dieu, par ſon baume, avait fait des miracles,
Et par ſa bouche annonçait ſes oracles.
Plein de mépris pour les terreſtres biens,
Il vint s'aſſeoir ſur le ſiége de Reims ;
Il quitta tout pour Jéſus & Marie,
Sa pauvreté, ſes haillons, ſa patrie,
Mais conſerva, dans un dévot éclat,
L'air ſimple & ſot de ſon premier état.

Pendant la nuit, il ronflait dans ſa tente,
Seul par haſard ; un grand bruit l'éveilla :
Il voit, au ſein d'une nue éclatante,

Un *Ange* affis, qui d'abord l'appela.

Ebbo troublé, d'une voix chancelante

Lui répondit : « *Gloire foit au Seigneur,*

» *Qui vient trouver fon humble ferviteur* ».

Le Meffager du Maître du tonnerre,

D'un faut léger ayant mis pied à terre,

Vers le châlit s'eft avancé foudain,

Une écritoire & la plume à la main.

Ses doigts bénis levent la couverture.

Le Saint Prélat, immobile de peur,

Le laiffe faire, obéit fans murmure,

Difant, *foit fait comme veut le Seigneur.*

L'Ange, trouffant les feffes étonnées,

En chiffres noirs y mit nos deftinées,

Et dit enfuite au Prélat plein d'effroi :

« Demain matin allez trouver le Roi,

» Dieu vous l'ordonne, & vous lui ferez lire

» Ce que le Ciel, par ma main, vient d'écrire »

Puis il partit. D'un regard de profil

Le *Prélat faint* lorgnait l'Ange gentil,

Et quelquefois difait, d'un air moroze :

« Ah ! j'ai bien crû qu'il voulait autre chofe !

Le lendemain, *Ebbo* tout radieux,

Fut chez le Roi d'un air myftérieux.

« Lifez, Seigneur ». Le *Sire* vénérable

Baiffe le nez fur la nouvelle table,

Et lit ces mots : « *Malheur au peuple franc ,*
» *Tant que* Turpin *péchera loin du camp* ».

   Charles , saisi d'une mortelle crainte ,
Tombe le nez sur la tablette sainte.
Ebbo s'éloigne , & fait voir en tout lieu ,
Parmi le camp , qu'il est l'ami de Dieu.
Selon l'usage antique & respectable ,
On fit venir mille Sorciers dans l'ost ,
Et des Docteurs qui ne l'étaient pas trop.
Ces bonnes gens évoquerent le Diable ;
Mais vainement ; & vous savez , je crois ,
Pourquoi le Diable était sourd à leur voix.

   Charlot avait , pour chef de sa bombance,
Un vieux Vandale , appelé *Jean Marcel* ,
Sage bonhomme , & lourdaud plein de sel ,
Inquisiteur des sottises de France ,
Ne gazant rien , bravant même les Grands ;
Il amusait le Prince à leurs dépens.
Riant de tout , déconcertant l'adresse
Des Courtisans , & glosant leur bassesse ;
De sa cuisine & du sceptre occupé ,
Bernant le Roi , quand on l'avait trompé ,
N'espérant rien , ne demandant pour grace,
Que de trancher ses mots avec audace.
Dans le néant de son chétif emploi ,
Il bravait tout , & la Cour , & le Roi ;

Il écartait les infectes du trône.

Charles lui dut souvent un bon avis ,

Et ce manant , nous dit *Mathieu Paris* ,

Etait peut-être , en ces âges maudits ,

Digne lui seul du poids de la couronne. ·

   Son avis fut , en voyant nos Docteurs ,

Nos Négromans , tartuffes imposteurs ,

Qu'il les fallait écorcher vif ou pendre ;

Et les bernant , il les força de prendre

La fuite au loin , pour prix de leurs labeurs.

   Maint Chevalier vint briguer l'avantage

De s'enquérir du *Saint Palladion ;*

Marcel , disait : Où pêche le felon ?

   Antoine Organt , fils du saint personnage ,

Se mit en quête , & courut maint rivage ,

Accompagné de son Ange gardien.

Cet Esprit pur , sans doute Esprit de bien ,

Le protégea dans ses longues prouesses ,

Et le soutint dans ses jeunes faiblesses ,

En lui prêchant les devoirs du Chrétien ,

Et lui montrant les palmes éternelles

Que Dieu réserve à ses amis fideles.

Le mauvais grain & les ronces charnelles

Germerent mieux dans le cœur du vaurien !

   Antoine Organt avait vu la prairie

Vingt fois déserte & vingt fois refleurie,

Vingt ans enfin s'étaient paſſés depuis
Que l'*Archevêque*, animé d'un ſaint zele,
Vint élever ſon ame au Paradis
Entre les bras de la Nonnette *Engelle*.

Le ſang *Turpin* dans ſes veines bouillait,
Les yeux brillans de ſa mere il avait;
Mais c'était tout : car ſa figure haute
N'annonçait point le fils d'une dévote.

Jà le contour de ſon jeune menton
Etait brùni par un léger coton;
Avec vigueur il maniait la lance.
Pour gouverneur il n'eut que des ſoldats;
Chaſſes, tournois & joûtes, dès l'enfance,
Avaient durci ſes membres délicats.
Au demeurant, c'était des hérétiques
Le plus affreux, ſe moquant des reliques,
Bernant les Saints, quelquefois le Seigneur,
Qui cependànt l'aimait de tout ſon cœur.

D'ailleurs il eut un Ecuyer profane,
Grand indévot, grand Epicurien,
Ne connaiſſant de Dieu que la tocane;
Qui lui prouva que le mal était bien,
Le corrompit, & n'en fit qu'un vaurien,
Malgré la grace, & ſon Ange gardien.
Ayant donc pris congé de *Charlemagne*,
En l'embraſſant, il ſe mit en campagne,

Pour toute fuite ayant cet écuyer ,

L'*Ange gardien* , & *George* l'Aumônier.

Organt trottait fur un cheval d'Efpagne ,

Impétueux , ardent à batailler.

Meffire *George* , avec un air altier ,

Et l'écuyer , qu'on nommait *Jean Champagne*,

Sur des rouffins à l'envi cheminaient ,

Qui , fiers du poids , les oreilles dreffaient ,

Et la pouffiere autour d'eux amaffaient.

Organt battit plaines , forêts , collines ;

Le nom *Turpin* s'entendit en tous lieux ,

Le nom *Turpin* retentit jufqu'aux cieux.

Il chemina vers les cités voifines.

Après cela , que faire ne fachant ,

Il s'en revint devers cette riviere

dont j'ai parlé , quelque foupçon ayant

Qu'il aurait pu s'y noyer en paffant.

Mais s'il péchait , il vivait cependant :

Un mille ou deux il fuivit le courant ,

Cherchant parmi les aulnes , la bruyere ,

Et d'*oncle* point. Il fonna de fon cor ,

Pour appeler cette *Nymphe* perfide ,

Qui , plus cruelle & plus aimable encor ,

Parut bientôt fur la plaine liquide ,

Avec un air craintif , mais féduifant ,

Et fes beaux yeux de fon voile couvrant.

« Cruels, eh quoi ! dit-elle en soupirant,

» N'êtes-vous point contens d'un seul outrage ?

» Vos cœurs font-ils à la pitié si sourds,

» Qu'ils aient juré de m'affliger toujours ?

  » Si vous avez ce barbare courage,

» Cherchez ailleurs quelque ennemi sauvage,

» Digne de vous, & qui puisse opposer

» A vos fureurs, à vos farouches armes,

» D'autres combats que de timides larmes,

» Que des soupirs qui ne peuvent percer,

» Ni votre cœur, ni ce dur bouclier.

» Ce tendre sein, que vous pouvez frapper,

» Renferme un cœur moins cruel que sensible ;

» Ce faible bras n'est rien moins que terrible.

» Armé du fer, l'avez-vous vu jamais

» Porter la mort & l'effroi sur vos rives ?

» Percer le cœur de vos dames plaintives,

» & renverser vos superbes palais ?

» Non. Pourquoi donc, pourquoi, monstres sauvages,

» Désolez-vous nos innocens rivages ?

» Mais à quoi bon ces frivoles clameurs ?

» Pourquoi me plaindre, & que servent ces pleurs ?

» Tigres, vos cœurs, fermés à la tendresse,

» Dédaignent trop mon sexe & ma faiblesse » !

  Un tel discours était accompagné

D'un air si tendre & si passionné,

Que les rochers à l'entour s'amollirent,
Et que les eaux leur course suspendirent.
Mais ces soupirs, ces larmes, ces sanglots
Avaient pour but la perte du Héros.
Ciel ! se peut-il qu'une figure aimable
Puisse voiler un cœur abominable !

 Organt repart : « Ma Princesse aurait tort
De me prêter telle décourtoisie ;
Belle jamais ne vis en ennemie,
Mieux aimerais la plus cruelle mort.
Je ne viens point vous déclarer la guerre,
Et Dieu le sait quels genres de combats,
Si le vouliez, vous livreraient ces bras.
N'a pas long-temps, près de cette riviere,
S'est égaré l'*Archevêque Turpin*.
Pardonnez-moi ma démarche indiscrete ;
Je ne sais rien de son nouveau destin ;
De tous côtés je me suis mis en quête
Pour le treuver, & me feriez plaisir,
Sur ce malheur, si pouviez m'éclaircir »

 Elle sourit, & de cet air aimable,
Cet air touchant, cet air inexprimable,
Mêlé de joie & mêlé de langueur,
Qui désignait amour, désirs, frayeur ;
Il s'échappait encore quelques larmes,
Qui du sourire embellissaient les charmes.

Lorsque

Lorſque l'aurore annonce un beau matin ,
Après le deuil d'un paſſager orage ,
Et que Zéphyr , de ſon ſouffle badin
Semble chaſſer la foudre du rivage ,
A l'Orient tel on voit le ſoleil
Voiler ſon front d'un nuage vermeil.
La nuit s'envole , & la clarté naiſſante
Rend la Nature encore plus piquante.
En folâtrant , Zéphyre ſur les fleurs ,
Du Ciel calmé vient balancer les pleurs.
Vous entendez la fauvette au bocage ,
Qui tremble encore , & pourtant qui ramage ,
Et vous voyez aux tortueux buiſſons
Pendre la pluie en perles , en feſtons.

« Guerrier , l'honneur de la Chevalerie ,
» Dit notre *Nymphe* au jeune Paladin ;
» Oui , je l'ai vu l'*Archevêque Turpin* ;
» Mais je ne ſais s'il n'a perdu la vie :
» Seul il était ſur la rive reſté ;
» Un Enchanteur , qui fondait de la nue ,
» Parmi les airs l'a ſoudain emporté ,
» Et ſur le champ je l'ai perdu de vue.
» Mais je vous puis enſeigner le moyen
» De le trouver , & vous ferai connaître
» Sa deſtinée , ainſi qu'elle puiſſe être ,
» Si me ſuivez en ce lieu ſouterrain.

Part. I.   **E**

Le fleuve était immobile & paisible ;
Nos Paladins s'élancent dans les eaux :
 Bref il séleve un ouragan terrible,
Qui jusqu'au ciel a fait voler les flots.
Le temps se couvre, un effroyable orage
Se forme, brille, éclate dans les airs,
Et de ses feux sillonne le rivage.
Tous les Démons sortirent des enfers,
De cris affreux les plages ils remplirent,
Et les échos à l'entour répondirent.

 Nos *spadassins*, qui ne s'attendaient pas
A ce malheur & cette perfidie,
Assurément devaient perdre la vie,
Ne virent onc de si près le trépas.
Aucunes fois sous l'onde ils disparurent,
Aucunes fois abîmés ils se crurent.
Heureusement le brave Chevalier
Avait son Ange, & sur-tout son coursier.
George mâcha quelque priere impie ;
Car il était expert dans la magie.
Sur son baudet, *Champagne* dextrement
Criant alerte, allons boire, courage !
Saisit la queue à l'Espagnol d'*Organt*,
Serra sa bête, & gagna le rivage,
Près de périr, & toujours en chantant.
 A l'autre bord quand tous trois ils se virent,

De très-bon cœur complimens ils se firent.
C'en était bien la peine de pardieu.
George pourtant avait l'ame marrie.
J'ai bu de l'eau, disait-il, moi; corbleu,
Moi qui croyais n'en boire de ma vie !
George pensait mourir empoisonné,
Antoine Organt jurait comme un damné ;
En piteux cas c'était là son usage.
Pour l'Ecuyer, il était bien plus sage ;
Car il riait. « Quand le mal est passé,
» Riez, dit-il ; l'heureux ingrat qui pleure,
» Si le Destin l'eût occis tout-à-l'heure,
» De par *Saint-Jean*, serait bien avancé ».
L'Aumônier dur, sous sa masse profane,
Vit au rivage expirer son cher âne,
Cet âne preux, cet illustre grison,
De ses travaux vigoureux compagnon.
Heureusement dans la plaine émaillée
Paraît un âne, & s'affourchant dessus,
George riait de celui qui n'est plus.
La vertu morte est bientôt oubliée (1).

————

(1) Œdipe de Voltaire.

E 4

CHANT IV.

ARGUMENT.

Ce que devinrent les Démons, ce que devint Sornit; *Conseil tenu par* Char-lemagne, *Conseil tenu par* Hydamant *&* Hélene.

Mon cher Lecteur, il convient de vous dire
Ce qui se passe au lumineux Empire.
Le peuple saint, chassé du Paradis,
Pressait l'attaque au céleste parvis,
Et l'Eternel, qui n'a plus de tonnerre,
Depuis qu'Amour l'emporta sur la terre,
Criait de loin, à l'Ange *Ithuriel*:
« Dresse ton vol, monte sur l'arc-en-ciel;
» Va me chercher, au pays des orages,
» D'autres coursiers, un char & des éclairs,
» Des ouragans, des pétards, des nuages,
» Et des carreaux pour griller ces pervers ».
   Ithuriel, à ces mots, fend les airs,

La lance au poing, le casque sur la tête,
Et vole droit devers une planete,
Séjour d'effroi, séjour de la tempête.

Là, sous des monts l'un sur l'autre entassés,
S'étend au loin une horrible caverne,
Noire, profonde, & pareille à l'Averne ;
D'affreux rochers tous les champs hérissés,
Semblent aux yeux le débris effroyable,
L'éboulement des mondes renversés ;
Du ciel ingrat quelques rayons brisés,
En un jour faible, obscur, épouvantable,
Semblent venir expirer de terreur
Dans ce séjour de tristesse & d'horreur.
Dans leurs cachots les aquilons mugissent,
Et les rochers de leur bruit retentissent.

Ithuriel fit entendre sa voix,
Les vents mutins se turent à la fois :
A son aspect les rochers tressaillirent ;
Les flancs du mont sous sa lance s'ouvrirent.

Bref, il en tire un grand chariot d'airain,
Environné de gerbes fulminantes,
Tout constellé des maux du genre humain.
Il attela quatre jumens fringantes,
Quatre étalons orgueilleux, bondissans,
Nés de la foudre, impétueux, ruans,
Et dont l'humeur, que Dieu voulut charnelle,

Les all umait d'une fougue éternelle.

Impatiens de prendre leur effor ,

Ils henniffaient en fecouant la tête ;

Ils fe cabraient en rongeant un frein d'or.

Ithuriel enchaîna la tempête

Autour du char , y pofa des carreaux ,

Et des éclairs enfermés dans des pots ;

Il entoura le char d'un gros nuage ,

Et de fa voix fit voler l'attelage.

　　Le Ciel était dans un chaos affreux ;

Le faint parquet , afpergé d'eau bénite ,

Brûlait aux pieds la canaille maudite.

Ils bondiffaient comme des furieux ,

Buvaient la *grace* , & trinquaient l'*ambroifie* ,

Saintes liqueurs pour le palais des Dieux ,

Qui des Démons brûlait la gueule impie.

Quelques-uns d'eux pour la fuite opinaient ,

Les plus hardis au combat s'acharnaient ,

Et pour fervir leur brutale furie ,

Lançaient aux Saints les coupes de la vie.

Voires agnus que les nonnes pleuraient.

　　Ah ! voilà donc ce qu'entraîne après elle

D'un fot orgueil l'ivreffe criminelle !

Saint Pierre , hélas ! n'eût-il pas mieux valu

De mon Prélat fecourir la vertu ?

Ciel ! que de fang lavera fa faibleffe !

L'injure faite au cocu Ménélas ,
Coûta moins cher aux bandits de la Grece.
Que de Héros menace le trépas !
Que de Beautés, dans les cités de France
S'en vont pleurer une éternelle abfence !
Ne pleurez point , & faites des foldats !

On entendait de loin dans l'atmofphere
Ithuriel amenant le tonnerre.
Le *Satanas* , faifant réflexion
Qu'il lui faudrait , malgré lui , tout à l'heure
Evacuer la célefte *Sion* ,
Et qu'au furplus cette haute demeure
S'accordait mal avec le grand deffein
De perdre *Charle* & de cacher *Turpin* ,
Abandonna fa coupable entreprife ,
En emportant la clef du Paradis ,
Que le Malin , par fineffe depuis ,
Mit à l'encan , & vendit à l'Eglife.

Icelle mit à l'Olympe un Portier ,
Lequel Portier fa peine fit payer.
Il repouffa durement de l'entrée
Toute vertu qui n'était point dorée.
On acheta par pieds cubes le Ciel ;
L'or remplaça la grace fur l'autel ;
On acheta , l'on vendit les miracles ,
Et l'avarice infpira des oracles.
Le Dieu d'amour , le Dieu de pauvreté ,

Au poids de l'or vendit la charité :
Il s'enrichit, & la chevre *Amalthéa*
Vint habiter l'étable de Judée.
Heureux encore, on nous laiffa le bien,
Et de pécher, & nous damner pour rien !

　　Laiffons l'Eglife, & le Ciel, & le Diable
Pour quelque temps ; car je crains d'ennuyer
Mon cher Lecteur, & je veux l'égayer
Par quelque objet moins grand, mais plus aimable.

　　Amour, perché fur le tendre *Sornit*,
Comme *Piis* fur un baudet du Pinde,
Sans aventure arrive avant la nuit,
Dans le défert où dormait *Adelinde*.

　　Ce ne font plus ces rochers fourcilleux
Qui menaçaient les Enfers & les Cieux,
Ces champs brûlés où mourait l'efpérance,
Et tout remplis d'un farouche filence :
Une autre fois vous apprendrez comment
Un merveilleux & rare enchantement,
De ce défert effroyable & fauvage
Fit tout à coup un riant payfage.
Mille bofquets s'élevent dans les champs,
La terre prend une face nouvelle ;
Là des oifeaux par les airs gazouillans,
Là des ruiffeaux où Phébus étincelle :
L'on voit flotter fur la tête des monts,

Des ormeaux verts où paiſſent des moutons.
L'ame s'éleve , une illuſion tendre
Peuple ces bois de Nymphes , de Sylvains ,
D'une Driade elle anime les pins.
Le cœur écoute , & le cœur croit entendre
Les chalumeaux , les haut-bois des paſteurs,
Et des amans les naïves langueurs.
Là Philomele , en pleurant , ſe ſoulage.

Un beau palais domine le rivage ;
Son faîte altier s'éleve dans les cieux ,
Et de rubis chaque pierre incruſtée
Dans l'onde au loin va répéter ſes feux.
Linde dormait ; à cette Iſle enchantée
Il ne manquait que l'éclat de ſes yeux.
Sornit d'abord, oubliant qu'il eſt *âne* ,
Porte à ſa bouche une levre profane ,
Et d'un pied dur potele ſes appas.

Linde pourtant tu ne t'éveillais pas !
L'ame ſouvent, par la peine abſorbée ,
Aux ſens flétris ſemble être dérobée.

L'âne héſita s'il uſerait des droits
Dont en ce cas il uſait autrefois.
Quoi que baudet, dans ſa rude tendreſſe ,]
Il conſervait quelque délicateſſe ;
La paſſion l'emportait cependant :
La chair , la chair , de ſon aiguillon roide ,

Le combattait, & lui preffait le flanc ;
La chair infifte , & le pauvre âne cede.
Le tendre amour avait mis en effet
Dans fon cœur faible un vigoureux projet.
Il était âne , & guerrier qui plus eft.
Sur le rocher mollement étendue ,
Linde découvre une cuiffe charnue ,
Et cependant le nerveux pénaillon
De la chair dure agitait l'aiguillon.
Amour , dit-il tendrement en lui-même ,
Entre mes bras affoupis ce que j'aime.
Il s'agenouille ; au premier coup de rein ,
La Belle faute , & s'éveille foudain.
Elle s'éveille , ô fantôme ! ô furprife !
Un âne en pleurs , un âne à fes genoux !
Ses fentimens , qu'il rendait à fa guife ,
Dans fes regards je ne fais quoi de doux ,
L'air de vertu , de honte , de franchife ,
Et ne fais quoi qui toujours fympathife ,
Font foupçonner à l'avide Beauté
L'enchantement , *Sornit* , la vérité.
  Au cou de l'âne elle vole en lieffe.
« Mon ami cher , eft-ce toi que je preffe ,
» Eft-ce bien toi » ? *Sornit* , avec candeur ,
D'un haut le corps confirma fon bonheur.
Alinde avait une bague magique ,

Dont la vertu , foit du Diable ou du Ciel ,

Rendait à tout fon état naturel.

Linde peut-être eût aimé le bourique ;

Son cœur éprouve un aimable combat ;

Mais de fa voix elle craignait l'éclat.

Changeons fa tête ; elle touche , elle change.

Que de baifers donnés , pris confondus ,

Précipités , redemandés , rendus !

Changeons ces pieds , & ce poil qui démange.

Le tout changea. Partant elle héfitait

Si , pour le refte , elle le changerait.

Grand'peine c'eft , lui dit enfin la Belle ;

Mais cette bague eft d'une vertu telle ,

Que fur le refte elle n'a point d'effet ,

Etant bénite ; & *Linde* larmoyait !

« A mon bonheur je paffe cette claufe ;

» J'aurai du moins ces yeux bleus , ce beau tein ,

» Ces bras mignons , & ces levres de rofe ,

» Et ce fein blanc à preffer fur mon fein ».

Sornit partant , redevenu lui-même ,

A cela près , ufait bien tendrement

Des droits d'un âne & des droits d'un amant.

Oh qu'il eft doux d'être âne cependant

Entre les bras du faible objet qu'on aime !

Linde éperdue , à ce qui la bleffait

Voulait toucher , & pourtant ne touchait.

Heureux amans , je vais quitter votre Ifle ,

Bien qu'à regret ; ma Mufe , une autre fois ,
Viendra s'affeoir à l'ombre de vos bois ,
Lorfque fa lyre , aux meurtres inhabile ,
Laffe fera des querelles des Rois.

En ce moment , le Monarque de France
Tenait confeil en fon camp vers le Rhin ;
Monfieur *Ebbo* , dans fa fotte éloquence ,
Peignait les maux dont le Prélat *Turpin*
Les menaçait par fa fatale abfence.
Charlot repart : « Où diable le Deftin
» S'eft-il niché dans ce fils de Putain » ?

Ce Roi fi bon , fi plein de courtoifie ,
Et fi loyal , avant que la Folie
A fon grelot l'univers eût foumis ,
Devint brutal & fou de fens raffis ;
Il a perdu fon antique prudence :
Je ne veux plus que boire & que chanter.
S'il avait fu chanter , boire , & régner ,
Ce n'eût été le pis de fa démence ;
Mais il s'endort , & n'en eft pas meilleur ,
Du fang du peuple il enivre fon cœur.
Si , dans fa plate & fotte fantaifie ,
Il avait eu quelque aimable folie !
Mais le vilain ne fe repaiffait pas
De la fadeur , des vices délicats.
Il aima mieux être un Sardanapale ,

Et s'engourdit dans sa volupté sale.
La soif de l'or le gosier lui sécha ;
Pour en avoir le peuple il écorcha.
Il eut de l'or, mais perdit, en échange,
Gloire & repos : le Ciel ainsi nous venge.
J'aimerais mieux, si j'étais le Sophi,
Manquer de pain, que de me voir haï.
Le peuple fuit, l'effroi qui l'environne,
Défend aux cœurs l'approche de son trône.
Le pauvre Sire avait une moitié
Que l'on nommait Madame *Cunégonde*,
Reine, autrefois les délices du monde;
Elle devint sans remords, sans pitié,
Immola tout à sa rage lubrique,
Vit les forfaits avec un œil stoïque.
Charles du moins, tranquille, regardait
Les maux présens ; la furie en riait,
Et maudissait la pauvre espece humaine,
Qu'on maltraitait avec autant de peine.
    Mais je m'éloigne ici de mon objet ;
Je moralise, & j'aurais bien mieux fait
De vous conter les gauloises prouesses
Des Paladins & leurs nobles maîtresses,
De déplorer le péché de *Turpin*,
De le chercher, ou de vous dire enfin
Ce qui se passe au camp de *Vitikin*.
    Part I. ...

Quand ce Héros partit pour *Herminie*,
L'on tint conseil, & le jeune *Hydamant*
Leur dit : « Saxons, votre armée affaiblie
» A plus besoin de repos à présent,
» Que de lauriers achetés par du sang.

   » Sans doute enflés de leur gloire imparfaite,
» Nos ennemis s'avancent orgueilleux,
» Et vont bientôt reparaître à nos yeux.
» Qui sait les maux que le sort nous apprête ?
» Qui sait bientôt si nous n'aurons en tête,
» Et les Gaulois, & même les Alains.
» O *Vitikin* ! ô douleur ! ô mon pere !
» Il ne voit plus peut-être la lumiere !
» Quinze ans de pleurs, d'horreur, & de misere,
» Nous ont appris à craindre les destins ».

   A ce discours, *Salamane* s'élance,
Guerrier fougueux ; la raison, la prudence
Lui répugnaient, & ce courage altier
Ne connaissait de raison que l'acier.
« Eh quoi ! dit-il, frappant son cimeterre,
» Attendons-nous que le peuple Gaulois
» Passe le Rhin, traîne chez nous la guerre,
» Et jusqu'ici nous apporte ses lois ?
» Moi, je prétends, dût-ce être pour ma perte,
» Passer en France, & jusques dans Paris,
» Parmi le sang, les larmes, les débris,
» Laver l'affront dont la Saxe est couverte.

» Je pars : adieu ; si vous êtes Saxons ,

» Suivez mes pas ; vengeons-nous , ou mourons ».

Comme il parlait , *Hélene* soulevée ,

Le glaive nu , s'étoit déjà levée.

« Lâches , partez ; le danger est ici :

» Partez , dit-elle , & cherchez sur la terre

» Quelque désert qui vous mette à l'abri

» Et des périls & des maux de la guerre.

» Sans colorer une indigne frayeur

» Des faux dehors d'un excès de valeur ,

» Il est plus court d'avouer que tu trembles ,

» Et que ce camp où marche l'ennemi ,

» Ne calme point ton cœur mal affermi.

» Répondez-moi , soldats ; que vous en semble ?

» Son artifice a-t-il su m'éblouir ?

» C'en est assez, & vous pouvez partir ;

» Sans votre bras nous saurons nous défendre.

» Nous n'irons point au devant des Gaulois ,

» Mais fierement nous saurons les attendre ,

» Non pour fléchir & recevoir des lois ,

» Mais soutenir & nos Dieux & nos droits ,

» Et vous apprendre à nous rendre justice ,

» Comme à rougir d'un pareil artifice ».

Le guerrier , plein de folie & d'honneur ,

Etincelait de honte & de fureur ;

Mais le respect que l'on doit à son maître ,

De cette fougue étouffa le salpêtre.

Il se retire écumant de dépit ,

Impétueux , roulant dans son esprit

Tous les moyens de laver cet outrage ,

Et dans sa tente il dévore sa rage.

   Par ce discours , *Hélene* adroitement

Sut prévenir la fuite inévitable

De cent Héros utiles dans le camp ,

Qu'entraînerait cet exemple honorable.

   Le *Salamane* , en sa tente captif ,

Vit quinze fois le jour & la nuit sombre

A l'Univers rendre le jour & l'ombre ,

Sans que son cœur , atteint d'un poison vif ,

Permît jamais à sa vue abusée.

De se fermer sous les doigts de Morphée.

On ne voit plus ses palefrois légers ,

D'un pied sonore atteindre le rivage ,

Et de l'amour dédaignant le servage ,

Le front mobile , appeler les dangers.

Ce n'était plus cette ardeur belliqueuse

Dont pétillait leur prunelle orgueilleuse ;

On ne voit plus ces flancs toujours pressés ,

Ce crin ardent que la trompette agite ;

Mais languissans , & les regards baissés ,

Tristes , pensifs comme ceux d'Hippolite ,

Ils demeuraient , & la nuit & le jour ,

Sourds à la voix de Mars & de l'Amour.

CHANT V.

ARGUMENT.

Comment George *fut feffé ; comment* Nice *fut baifée ; comment* l'Ange gardien *fut berné.*

VOUS avez vu la fraîche Jardiniere
Quittant les bras de son joufflu *Colin*,
En jupon blanc sortir de fa chaumiere,
Et vers Paris trotter de grand matin.
De même l'aube, aimable avant-courriere,
De l'univers entr'ouvroit la barriere.
   L'aube naquit, dit un grave Romain,
D'Endymion, & Diane la lune ;
Elle apportait au Ciel chaque matin
Le lait nouveau des troupeaux de Neptune.
Or, un beau jour, Jupiter l'attendit
Vers l'Orient : en chantant elle arrive.
Jupin courut ; l'adroite fugitive
Fit un faux pas, fon urne répandit,

Et la blancheur eſt toujours demeurée
En cet endroit de la voûte azurée.

Antoine Organt , & *George* , & *l'écuyer* ,
Etaient alors en train de cheminer ,
Et les Zéphyrs , & l'aube moitié née ,
Tout annonçoit une belle journée.

A l'Orient le Ciel éblouiſſait ,
Soit que ce jour la laitiere immortelle
Eût eſſuyé quelque encombre nouvelle ,
Et répandu le divin pot au lait ,
Soit qu'il fît beau ſimplement en effet.

On arriva dans une hôtellerie ,
Où l'on dîna , la table fut ſervie
Sans grand apprêt, mais pourtant proprement.
Nice ſervait , non point élégamment ,
Et de cet air plein de mignarderie ,
A dire vrai ; mais *Nice* poſſédait
Deux beaux tetons ſous un léger corſet
Fort mal noué , par mégarde ſans doute ;
D'un blanc mouchoir la tranſparente voûte
En trahiſſait le boutonnet charmant ,
Et par mégarde encore apparemment.
Gentil ſouris que le ſouris de *Nice* ,
Petit air fin & ſans nul artifice ,
Œil bleu , teint frais , cotillon blanc & court ,
Laiſſe lorgner jambes faites au tour.

Ce n'était point du tout coquetterie ;
Mais *Nice* était apparemment grandie ;
L'amour avait arrondi ses deux bras.
Ainsi charmante , & ne s'en doutant pas ,
Elle dansait sur un pied & sur l'autre ,
A droite , à gauche allait dans la maison ,
Faisait virer perfide cotillon ,
Et marmottait joyeuse patenôtre.

　　L'impénitent & lubrique Aumônier
Ne se lassait icelle de lorgner ,
Et convoitait son joyau de baptême.

　　Nicette alors apportait une crême
Moins blanche qu'elle. « Or ça , Belle , dit-il ,
De son bras dur ferrant son bras gentil ;
» Ça , la petite , a-t-on son pucelage ?
» Point ne mentons ; l'avons-nous ce bijou ?
» L'aurions-nous pas laissé dans le village ?
» Oui , n'est-ce pas ? » Vous importe-t-il où ?
Dit Nice , dont la pudeur outragée ,
De lys en rose est tout à coup changée ,

　　L'air elle avait , qu'elle aurait mieux voulu
Qu'*Antoine Organt* eût son beau bras tenu ,
Même autre chose , & d'un coin de prunelle
On vous frisait le jeune Chevalier ,
Qui bien souvent jetait les yeux sur elle ,
D'un certain air qu'on savait épier.

Point ne parlait ; plus l'amour eſt extrême,
Moins il éclate en frivoles diſcours,
Et le ſilence, au temple des Amours,
Parle ſouvent mieux que l'oracle même.
Cela poſé, fillettes là-deſſus
Très-rarement ont les eſprits obtus.

Ce n'eſt le tout ; notre Aumônier ſans grace,
Avec fureur un doux baiſer voulait ;
Mais le poil dur de ſa lubrique face,
De ce tendron les levres n'alléchait.
Nicette crie : Au ſecours, on m'égorge ;
Et fretillant comme anguille dans l'eau,
Elle s'arrache aux tenailles de *George*,
Qui vers ſa bouche affilait ſon muſeau.
Dans le jardin, *George* pourſuit *Nicette*.
Soudainement deux robuſtes valets,
Chacun armés de vigueur & de fouets,
D'un bras nerveux vous empoignent la bête ;
On vous lui met dans la gueule un bâillon ;
On vous l'étend ſur l'herbe de ſon long,
Et nos deux gars défroquent ſon derriere.
Nice accourut, & frappa la premiere.
Etourdiment : mais ayant aperçu
Le globe affreux de cet énorme cu,
Cette vallée infernale, profonde,

Et qu'ombrageait une forêt immonde,
Ce cuistané, ce croupion monstrueux,
Comme n'en eut ni le fier *Poliphéme*,
Ni le *Mimas* armé contre les Cieux.
Nice tremblante, & le visage blême,
Recule un pas, puis en avance deux.
Mais chaque *gars*, & ferme & vigoureux,
Ayant saisi l'instrument de vengeance,
D'un bras terrible, harmonieusement,
Sur ce derriere infatigable, immense,
Avec sang froid fait tomber la cadence.
Champagne vint, sa voix contrefaisant;
Il exhorta le Moine à patience.
« Mon frere cher, disoit-il saintement
» En *Jésus-Christ* mettez votre espérance;
» Pour nous tirer des griffes du Démon,
» Il a souffert maintes irrévérences,
» Crachats, soufflets, & fustigation.
» Ceci n'est rien auprès de ses souffrances,
» *Jésus* mourut, & vous ne mourrez pas.
» Recueillez-vous avec l'Agneau sans tache,
» Et priez-le, dans ces rudes combats,
» De vous aider à fournir votre tâche ».
Du patient les cris percent les cieux;
Sa croupe impure étoit en marmelade.
   Tels sont ces monts où gémit Encelade.

Les Forgerons du Souverain des Dieux
Ces monſtres noirs, ces Cyclopes affreux ;
Les nerfs ſaillans & l'haleine bruyante,
Couverts de poudre & les poils hériſſés,
Sous des marteaux lourdement cadencés
Faiſoient trembler l'enclume gémiſſante.
Ainſi nos *gars*, à coup précipité,
Font retentir, ſous une main peſante,
Le cul de *George* en ſa concavité.

   Organt diſait : « Que le révérend Pere
Chante à loiſir là-bas ſon bréviaire ;
Pour nous, buvons ». *Champagne* lui verſait,
Et toutefois ſon verre n'oubliait.

   George hurlait, & ſes feſſes tannées
Etaient par-tout de marques ſillonnées.

   Organt enfin fit ſigne de ceſſer,
Et de s'enfuir. On prend la fuite, on crie ;
Et le Héros, branlant ſon braquemard,
Comme s'il fût venu plein de furie
A ſon ſecours, lui dit : « Je viens trop tard ;
» J'aurais voulu les ſcélérats connaître,
» De qui l'audace ainſi vous a ſu mettre,
» Que n'avez-vous à mon aide crié » ?

   Le Moine au lit s'en fut eſtropié,
Se promettant de punir cette eſclandre,
Le Chevalier avait cru ce jour-là

Aller gter à vingt mille de là.
Cet incident vint le départ fufpendre ;
Mais au furplus il n'en fut pas fâché.
Nicette avait fon jeune cœur touché ;
Il efpéra que le fien ferait tendre.
C'en fut affez ; il oublia bientôt
L'arrêt du fort , & fon oncle , & *Charlot.*

    « Ah ! que le Ciel, difait-il , eft bizarre,
» De dégrader une beauté fi rare,
» Et d'abaiffer de fi touchans attraits
» Aux foins groffiers d'un effaim de valets !
» Si le Deftin l'avait fait à ma guife,
» Il en eût fait plutôt une Marquife.
» Mais le Deftin eut peut-être raifon.
» *Nice* Marquife eût été précieufe,
» Coquette , fotte , altiere , impérieufe.
» Vaut-il pas mieux un villageois tendron ?
» Il me faudrait faire mainte grimace ,
» Et larmoyer , & faire le muguet ,
» Pour obtenir un froid baifer , par grace ,
» Et découvrir un fein avec refpeét ,
» Du vrai bonheur n'avoir que le fantôme ,
» Etre cocu tout comme un autre en fomme !
» J'aime bien mieux que ma *Nicette* enfin,
» *Nicette* foit , que Baronne ou Comteffe ;
» Le vain éclat d'un titre de nobleffe

» S'évanouit à côté d'un beau sein ».

Comme il parlait , brillant trait de lumiere
Soudainement par les airs s'épandit ,
Et le Héros son *Ange gardien* vit
Croiffant de flamme embraffait fa paupiere ,
Cheveux blondins fur fon dos voltigeaient ,
Au gré de l'air fes vêtemens flottaient ,
Que les zéphyrs curieux retournaient.
On lui voyait maint flacon efficace ,
Rempli d'une eau que l'on appelle grace ;
Le doux *Jéfus* en diftribue aux Saints
Qu'il a chargés du falut des humains ,
Et chacun d'eux un pareil flacon porte ,
Dont , au befoin , fon ouaille il conforte.
Il diffipa de fon fouffle divin ,
De Diablotçaux un fémillant effain ,
Qui le bernait , danfait fur fes épaules ,
Et ricanait autour de fes fioles.

En foupirant d'un air fanctifié ,
Il prononça ces benoîtes paroles,
Avec un ton d'amour & de pitié.

« Mon enfant cher , je viens vous prêter aide ,
» Et vous tirer des griffes du Malin ;
» Car votre cœur bien lâchement lui cede ,
» Et certain feu brûle dans votre fein ,
» Feu qui n'eft pas celui d'amour divin !

« Vous

« Vous foupirez pour des Beautés mortelles

» De qui l'éclat eſt ſi frêle & ſi vain ,

» Et que les vers dévoreront demain.

» Connaiſſez mieux les beautés éternelles :

» Ces culs ſi ronds , ſi fermes , & ſi blancs ,

» Dans le tombeau vont bientôt ſe diſſoudre ,

» Se conſumer , & ne feront que poudre ;

» Ces yeux remplis de charmes féduiſans ,

» Se fécheront comme la fleur des champs ;

» Ces blancs tetons , dont la forme eſt ſi belle ,

» Ou qui du moins , mon fils , vous ſemble telle ,

» Vont s'éclipſer dans la nuit du trépas » !

« Oui , dit *Organt* , c'eſt une loi cruelle ,

» Mais qui devrait reſpecter tant d'appas.

» Affreuſe Mort , fous ta faux tout ſuccombe ,

» Tu détruis tout , trônes , palais , cités ,

» Ton bras cruel , dans l'oubli de la tombe ,

» Anéantit & rangs & dignités ,

» Et les attraits des touchantes Beautés.

» La faulx du temps , tout frappe , tout enleve ,

» Tout finit , fuit , & paſſe en ces bas lieux.

» Que faire donc ſi la vie eſt un rêve ?

» Rêvons du moins que nous ſommes heureux,

» Ce Dieu ſi grand , & ſans doute équitable ,

» Qui nous ſoumet à de triſtes deſtins ,

» Peut-il encor trouver l'homme coupable

Part. I. G

» D'avoir aimé l'ouvrage de ses mains ?

» Non ; j'aime *Nice*, & d'un amour extrême ;

» J'aime ses yeux, passagers, mais charmans ,

» Et tous les Saints, mon bon Ange, & vous-même,

» Forniqueriez si vous aviez des sens ».

   L'*Ange* repart : « Mon filleul, que tant j'aime ,

» Si forniquez , & point ne conservez

» Votre innocence & rose de baptême ,

» Et pour le Ciel si peu vous soupirez,

» Songez au moins à ce que vous devez

» Au ciel , à *Charle*, à votre oncle , à vous-même,

» Point ne sentez cette onction suprême ,

» Cet avant-goût de la gloire des Saints ,

» Et ne voulez que des motifs humains.

» Eh bien , sachez que la guerre présente

» Dépend en tout de votre oncle *Turpin*.

» Les yeux sur vous , la France est dans l'attente ,

» Pour découvrir son coupable destin.

» Songez aux maux qui tombent sur la France ,

» Au déshonneur qui va vous menaçant ,

» Tant qu'il vivra dans son impénitence.

   » Mon cher *Gardien*, reprit *Antoine Organt* ,

» Veuillez me dire où mon bon oncle pêche ,

» Ou donnez-moi cet astre bienfaisant

» Qui conduisit les Bergers à la crêche ,

» Et mettrai fin aux maux du peuple franc.

» Si j'étais Dieu , pour un chétif , un homme ,
» Me garderais de proscrire un Royaume ;
» Et Dieu nous doit pardonner bonnement ,
» S'il est meilleur encor qu'il n'est méchant ».
L'Ange comprit que la grace divine
Y ferait plus que toute sa doctrine.

Comme il allait la fiole verser
Droit sur son chef , *Nice* vint à passer.
On ne dit point pourquoi passait la Belle.
Elle courait ; *Organt* court après elle ,
Et plante là , plein de confusion ,
L'*Ange* perclus , de qui l'effusion
Manqua son coup , & tombant irritée
Fit tressaillir la terre épouvantée.
La Grace & lui de la sorte bernés,
L'Ange s'envole avec un pied de nez.

De mon Lecteur l'attention distraite ,
Avec *Antoine* a volé vers *Nicette*.
Nice rougit , le brave s'enhardit ;
Nice sourit , *Organt* sourit de même ,
Lui prend la main , & la baise , & lui dit
Tout bonnement : Ma *Nicette* , je t'aime.
Cet aveu-là n'était pas éclatant.
Que voulez-vous ? *Nice* était du village ,
Et le Héros n'était pas impudent.
Nice repart : Non , point de badinage ;

Mais ſes yeux bleus parlaient bien autrement,
Organt vola baiſer furtivement,
Puis un ſecond moins difficilement,
Puis un troiſieme, & puis un quatrieme,
Et Nice enfin en rendit elle-même.

Amour alors par les airs voltigeait ;
Il avait vu la viſite de l'Ange,
Et le flacon & l'aventure étrange,
Et dans ſes mains, en volant, il riait.
Il s'approcha de notre couple tendre,
Leur décocha par le cœur certains traits
Que dans leurs yeux ſon art avait ſu prendre,
Puis il les mit dans un nuage épais.
Mathieu Paris ne dit point ce qu'ils firent ;
Mais il nous dit : Alors qu'ils en ſortirent,
Déſordre était dans le faible corſet ;
On remettait épingles au bonnet ;
Mouchoir froiſſé, contre ſon ordinaire,
Car Nice était propre comme le jour,
Elle tenait ce ſoin là de ſa mere ;
Gorge qui bat, yeux humides d'amour ;
Mon cher Lecteur, ſans tant vous en décrire,
Bien devinez ce que Mathieu veut dire ;
Tous deux enfin s'en furent ſatisfaits,
Organt chez lui, Nicette à ſon balais.

Je veux avoir une gente maîtreſſe ,

Je n'entends point par gente une déeſſe ;
Car je l'irai querir parmi les champs.
Je veux qu'elle ait une taille gentille ,
Un cœur ouvert , qu'elle ait toujours quinze ans ,
Qu'elle ſoit douce , & que ſon œil pétille ;
Je lui voudrais un petit ſouris fin ,
Sans hardieſſe , un petit air malin ;
Auprès de moi ſur-tout qu'elle rougiſſe ,
Et qu'elle ſoit enfin telle que *Nice.*

De ſon côté , ſait-on ce que faiſait
Jean l'écuyer ? L'hôteſſe il careſſait.
Elle était veuve , & veuve inconſolable.

Antoine ſoupe , & *Nice* le ſervait.
Aiguillonné par le vin & la table ,
Il la trouvait encore plus aimable ;
De temps en temps tetons il lui prenait ,
Et de baiſers les mets aſſaiſonnait.
Dans une tendre & pétillante orgie,
Oh ! qu'il eſt doux de preſſer tour à tour
Contre ſon ſein ſa bouteille & ſa mie ,
Ivre à la fois & de vin & d'amour !
Les deux amans , ſans ſcrupule & ſans gêne ,
S'abandonnaient à leurs brûlans déſirs ,
Et s'enivraient de vin & de plaiſirs.

Déjà la nuit, ſur ſon trône d'ébene ,
Allait atteindre au milieu de ſon cours ;

Cette heure là , c'eſt l'heure des amours ,
Dit *Arouet*. Sous le marbre & les chaumes ,
En ce moment , tous les hommes ſont hommes ;
Le Pâtre alors eſt ſouvent plus heureux
Entre les bras de ſa brune *Climene* ,
Qu'un Roi ne l'eſt dans les bras d'une Reine ;
Et ſous l'abri de ſon palais pompeux ,
Souvent il tient des feſſes ſurannées ,
Preſſe un teton & des cuiſſes tannées ,
Et bien ſouvent careſſe même un cu ,
Qui dans le jour l'a fait ſept fois cocu.
Pour mon *Guillot* , de la bouche il vous preſſe
Bouche vermeille & gorge enchantereſſe ,
Baiſe un teton & ferme , & rond , & frais ,
Dont ſes voiſins ne tâterent jamais.

Au Chevalier demandez s'il préfere ,
Ou *Nice* à Reine , ou Reine à ſa bergere.
En ce moment , ſon cœur eſt plus heureux
Que ne le ſont & les Rois & les Dieux.
Son ſein brûlait ſur celui de ſa mie ,
Sa bouche humide à ſa bouche eſt unie.
Nice éperdue , en ſon brûlant tranſport ,
Entre ſes bras le preſſe avec effort.
Dans ces inſtans , leur ame évanouie
Semble parfois abandonner la vie.
Le couple heureux jette un profond ſoupir ,

Et fe confond dans le feu du plaifir.

Organt lui dit : « Soyez ma douce amie,

» Echappez-vous de cette hôtellerie ;

» J'ai dans le Maine un affez beau châtel

» A pont-levis , & c'eft là que j'efpere

» Vous couronner au retour de la guerre.

» Je vous le jure à la face du ciel ;

» Oui , quelque jour vous ferez noble Dame ,

» Et mon courage , envers & contre tous ,

» Fera juger, chere ame de mon ame ,

» De mon amour & tendreffe pour vous ».

Organt ainfi faifait parler fa flamme.

Nice repart d'un fourire agaçant.

Voici de quoi l'on convint cependant.

Elle devait habit de *George* prendre ,

Et fa mandille , & Monfieur fon baudet,

Tandis qu'au lit bien malade il giffait ,

Champagne étant averti du projet ,

Et de la forte en campagne fe rendre.

Cela fut dit & fut exécuté.

Grace à *Champagne* , à fa dextérité ,

On enleva la monacale armure ;

Elle fentait une certaine odeur.

   Bien devinez , fous cet habit trompeur,

La ridicule & charmante encolure

Du gentil Moine ; à quelques ampleurs près ,

L'habit fort bieu ajuſtait ſes attraits ;
On ne laiſſa que ce moûle effroyable,
Que l'on eût pris , ſans trop exagérer ,
Pour les étuis des deux feſſes du Diable.
Nice tremblait ſeulement d'y penſer ,
Se rappelant la façade étonnante ,
Groſſeur , rondeur , couleur & profondeur
De l'inſtrument dont le ſuſdit malheur
Avait rendu la gaîne ainſi vacante.

    Le Chevalier ne perdait point au troc ;
Il admirait ſa *Nice* ſous le froc :
Ces grands yeux bleux où feu d'amour pétille ,
Etincelans deſſous ce voile obſcur ,
Comme l'étoile au milieu de l'azur ,
Et cet endroit où la noire mandille
S'arrondiſſait ſur ſa gorge gentille ,
Et cette croix qui de ſon cou pendait ,
Et qu'aurait même adoré *Mahomet* ,
Et ces deux mains petites & d'ivoire ,
Sortant au bout de large manche noire ;
Onc on ne vit Moine ſi gentelet.
Ah ! ſi le *Chriſt* eût pris telle faconde ,
S'écriait-il , pour paraître en ce monde ;
Son cu divin n'eût pas été feſſé ,
Et ſes bourreaux l'auraient plutôt baiſé.
    Jà le trio dans la plaine s'avance.

Fort gentiment *Nicete* l'Aumônier
Allait trottant fur fon baudet altier,
Qui, Dieu merci, fentait la différence ;
Aufli fa voix en fons plus doucereux,
Allait flattant les échos de ces lieux.
D'abord il crut avoir changé de maître,
Tant le Monfieur fe fentait foulagé ;
Mais en voyant accoutrement de Prêtre,
Il fe difait, mon frère eft bien changé.

   Contes d'amour abrégeaient le voyage ;
L'aube naiffante égayait les Sylvains,
Et la Nature, & nos trois Pélerins.

   Mais repaffons fur un autre rivage ;
Le Rhin fanglant m'appelle fur fes bords ;
Chantons l'honneur, la fottife, & les morts.

CHANT VI.

ARGUMENT.

Comment la Folie fit tourner la tête aux
Gaulois ; comment Charles passe le
Rhin , pour surprendre l'ennemi ; com-
ment ils se battirent.

POUR le malheur des cervelles de France,
Dame Folie avait dans nos climats
Fixé son char , & l'esprit de démence
Avait gagné Ministres , Magistrats ,
Prêtres & Clercs , Généraux & Soldats.
Ils étaient fous , mais selon leur richesse,
Selon leur rang , leur pouvoir , leur noblesse.
Tous n'avaient pas le moyen d'être fous.
Le muletier , avec un cœur jaloux ,
Du Financier enviait l'ânerie ,
Et déplorait sa mesquine folie ;
Le Colonel enviait le Séjan :
De balourdise enfin en balourdise,

Aucun n'etait affez fot à fa guife :
Tous défiraient ; & le Prince du Sang,
Du Roi fon maître enviait la fottife.
Par-ci, par-là, quelque efprit oftrogot
Se préferva de l'honneur d'être fot ;
Mais cette efpece était par-tout huée,
Comme ftupide, & de fens dénuée.
Charles lui-même, autrefois fi prudent,
Avait fubi ce fatal afcendant ;
Mais fa folie avait un caractere
Particulier. De fous environné,
Par le torrent il était entraîné,
Et refpirait la folie étrangere.
Quelque Séjan eft-il entré chez lui ?
Charles doit être un tyran aujourd'hui.
Si quelque fage, il fera magnanime ;
Si quelque Prêtre, il eft pufillanime.
Jouet enfin des divers mouvemens
De fa folie & de celle des gens,
Charles paraît fouvent, à la même heure,
Bon & cruel, fait le mal, puis le pleure.

Il réfolut, dans un certain moment,
D'aller forcer les Saxons dans leur camp.
Au nom du Ciel, *Ebbo*, le grand Prophête,
Vint lui prédire une entiere défaite,
S'il combattait fans le *palladion.*

Charles lui dit : Oui , vous avez raifon ;
Mais ordonna qu'auffi-tôt la nuit clofe ,
On fe tînt prêt à traverfer le Rhin.
Le jour s'enfuit ; la nuit vient , tout repofe ;
Chez les Saxons on s'avance foudain.
Quelques forêts antiques & fauvages ,
Du Rhin alors ombrageaient les rivages.
Là le Druïde adorait *Teutatés*.
De ce féjour l'horreur & le filence
Semblaient des Dieux annoncer la préfence ;
Et rappelaient ces fiecles fortunés
Où , fous le poids des pompeux édifices ,
Nos bords heureux n'étaient point afservis.
Pour les vertus, des bois furent choifis ;
L'on a bâti pour honorer les vices.

A la faveur de l'ombre & des forêts ,
Charle aux Saxons déroba fes projets :
Bientôt le Rhin fe préfente à la vue ,
Et dans les eaux déjà les bataillons ,
Et les courfiers , & les fiers efcadrons
Brouillent du Ciel l'image confondue.

Le Roi des Francs , par fa valeur preffé ,
Brûlait d'atteindre au rivage oppofé.
Fier de fon poids , fon cheval intrépide
Fendait les eaux d'une courfe rapide ;
Autour de lui les vagues blanchiffaient

Et devant lui d'effroi se partageaient.
Rempli d'ardeur, il gravit le rivage,
Frappe du pied, bondit superbement ;
Son œil en feu, son fier henniffement
Semblent d'avance appeler le carnage.
Pour contempler nos Gentilshommes francs,
Du Rhin alors les Néréïdes blondes
Quittent le sein de leurs grottes profondes.
Las ! au travers de la gaze des ondes,
Elles dardaient leurs yeux étincelans,
En conjurant quelque terrible orage,
Et se disant, qu'ils faffent donc naufrage !
Tempêtes, vents, bouleverfez les flots,
Et dans nos bras adreffez ces Héros !

    Charles marchait, sa fortune pour guide ;
Tout repofait dans un calme perfide
Chez les Saxons. *Salamane*, éveillé
Par le fouci dont il eft accablé,
Entend un bruit de courfiers dans la plaine ;
Au clair de lune il reconnaît les Francs,
Qui s'avançaient & marchaient à pas lents.
« Je puis enfin humilier *Hélene*,
» Dit le Guerrier, & lui rendre l'affront
» Dont son envie a fait rougir mon front.
» Tout dort ici ; fans moi le Roi de France
» Nous eût encore *occis* fans réfiftance,

Part. I.   H

» Et tout le fang de ce peuple égorgé

» Aurait lavé mon honneur outragé.

» Mais je veux vaincre en ce péril extrème ,

» Et les Gaulois , & l'envie , & moi-même »

   A ce difcours , il monte un palefroi ,

Parcourt le camp , galope, jure , crie :

A l'ennemi , foldats , à la patrie !

Le foldat , plein de courage & d'effroi ,

S'arme à la hâte. *Hélene* , impétueufe ,

Vole mi-nue à la porte du camp ;

Sadit , Madel , Agrifoux , Hydamant

Courent par-tout. Ainfi , lorfque le vent

Trouble le fein d'Amphitrite écumeufe ,

Le vieux Pilote , à l'afpect des rochers ,

Appelle , éveille , affemble les Nochers.

L'un brife un mât , l'autre détend les voiles ;

L'un lorgne terre, & l'autre les étoiles ;

De fes méfaits chacun fent le remord ,

Et fait des vœux dont il fe rit au port.

   Le généreux & noble *Salamane* ,

Moins, fier qu'Achille , & vaillant comme un âne ,

Piquant des deux , & courant au galop ,

Trouve les Francs à la porte de l'Oft ,

Et furieux , reçoit à coup d'épée

De ces Meffieurs l'efpérance trompée.

   A droite, à gauche , il renverfe , il pourfend ,

Couvre d'éclairs le bouclier, le casque,

Et le parvis est inondé de sang.

Les Francs, surpris d'une telle bourrasque,

Rendent à peine un timide combat ;

Avec l'espoir, leur courage s'abat.

Le premier rang sur l'autre se renverse,

Et le Héros, par sa fougue emporté,

De rangs en rangs s'avance, enfonce, perce,

Comme un rocher d'un mont précipité.

Le dur *Odmar*, le poli *Bradanelle*,

Le beau *Rhimbou*, & le laid *Pyrabelle*,

Viennent fougueux tomber sur les Gaulois.

Hélene accourt de mille hommes suivie :

Charles s'avance, on s'anime à sa voix ;

Des deux côtés on charge avec furie ;

La lune seule éclaire ces exploits,

Ces vaillants coups dignes de la lumiere.

C'est grand'pitié de mordre la poussiere

Dans la nuit sombre ; on voudrait, glorieux,

Mourir du moins à la clarté des cieux.

Les sifflemens des traits impétueux,

Les cris aigus, le cliquetis des armes,

Les juremens sonores des Gendarmes,

Les yeux roulans, allumés de fureur,

Le sabre en feu froissé contre le sabre,

Sur le coursier, le coursier qui se cabre,

Jettent par-tout l'épouvante & l'horreur.

Muse, dis-moi quelle est cette héroïne
Qui met là-bas en fuite les Saxons ?
C'était la faible & brave *Caroline*,
Niece de *Charle*, & Reine de *Soiffons*.
Eprife alors d'une folle chimere,
Depuis trois mois elle courait la terre,
Cherchant par-tout joyau qu'elle a perdu ;
Et ce joyau, c'était fon pucelage,
Malignement emprunté par un Page,
Qui le rendrait, & ne l'a point rendu.
Sa plainte amere, à la Terre, à Neptune,
Redemandait fa chimere importune.
Le jeune Page en tous lieux la fuivait,
Lui promettant qu'il le retrouverait ;
Et chaque nuit, plein de perfévérance,
En attendant, careffait l'Efpérance.
Il eft aifé d'accorder dans le cœur
Tant de faibleffe avec tant de valeur.

L'on vit en l'air paraître la *Sottife* ;
Ce vieil enfant, à chevelure grife,
A d'une main la croffe d'un Prélat,
De l'autre un fceptre, & fur le dos un bât.
Roi citoyen, à la Cour, à la Ville,
Ce vil Prothée eft admis en tous lieux ;
Prélat, Miniftre, & Courtifan habile,

Ce Dieu caffard , avide induftrieux ,
Bénit , cabale , & fe gliffe en reptile.
Il tonne à Rome au haut du Vatican ;
Chargé de fers , on le voit rire en France ;
Sous un defpote il tremble dans Byzance ;
Soumis & fier , efclave & tout-puiffant ,
Toujours le même , & toujours différent,
Son empire eft celui de la Nature :
Et je ferais , après cette peinture ,
Très-fort tenté de le croire ce Dieu ,
Ame de tout , tout entier , en tout lieu.

Dans les replis de fa robe azurée
Brillaient en l'air, d'un infernal éclat ,
Priape en froc , & l'Intrigue en rabat ,
L'Hhypocrifie à la langue dorée ,
Dogmes , erreurs , vertiges , préjugés ,
Faux point d'honneur , l'un par l'autre égorgés ;
Près d'elle était ce fpectre de fumée ,
Nommé *la Gloire* ; il tenait un laurier
Que pourfuivaient le cuiftre & le guerrier ;
Devant leurs pas marchait la Renommée ,
Et cependant notre Empereur *Charlot*
Criait d'un air glorieufement fot :
« Amis , corbleu , vive France ! Allons boire ;
» Dans un moment , nous avons la victoire ;
« Le voyez-vous ? l'aide nous vient d'en haut».

Sur son cheval, *Hélene*, moitié nue,
Livrait aux coups une cuisse dodue,
Des bras d'ébene, une gorge de lait ;
Et courageuse, au travers la mêlée,
A mille morts sans peur s'abandonnait.

Des Paladins la tête fut troublée
A son aspect, & ses nouveaux appas,
Sur tous ces fous faisaient plus que son bras.
Ils la suivaient, & leur main, de sa tète,
De mille coups écartait la tempête.
Notre Amazone à leurs soins complaisans
Ne répondait que par des coups pesans.

L'audacieux & plaisant *Lesdiguiere*
Lui saute en croupe, & de ses bras nerveux
Rend surperflus ses efforts vigoureux,
Pique des deux la monture légere,
Et par la plaine emporte la guerriere.

« Ah ! disait-il, ces membres délicats
» Ne sont point faits pour l'horreur des combats!
» C'est à l'amour une injure cruelle ! . . .
» Que me dis-tu, lâche? répondait-elle ;
» Ose descendre, & tu sauras tantôt,
» Si cette main déshonore une épée.
» Elle se flatte, avec l'aide d'en haut,
» De se venger, & d'envoyer bientôt
» Dans les enfers ton ombre détrompée ».

Le palefroi, preffé par l'aiguillon,
Les emporta dans un fecret vallon.

Hélene était de rage étincelante.
Et les lauriers fans elle moiffonnés,
Et les guerriers de fa fuite étonnés,
Aiguillonnaient fon ame impatiente ;
Contes d'amour le galant lui faifait,
Et le teton & le cœur lui preffait.

Bref, on entend un courfier qui s'élance.
Le Paladin, frappé d'un coup de lance,
Et preffe *Hélene*, & la quitte en jetant
Un cri plaintif ; il tombe dans fon fang.
Marc Hippolite avait vu fuir *Hélene*
Et le Guerrier ; fon cœur vil & jaloux
Crut mettre à prix le plus lâche des coups.
Le jour déjà defcendait dans la plaine,
Héléne voit *Lefdiguiere* mourant,
Et l'affaffin à fes pieds réclamant
Le prix honteux d'un fervice coupable.

« Oui, je confens, indigne Chevalier ;
» Oui, je confens, dit-elle, à te payer,
» Mais en lavant dans ton fang exécrable
» Le déshonneur d'une action femblable,
» Et t'immolant à cet infortuné,
» Comme à mon cœur doublement indigné.
» Monftre, choifis ; je defcends, ou remonte

» Ton palefroi ». Le perfide Guerrier,
Plein de regret, d'épouvante, & de honte,
Lui dit : Defcends. En bas de fon courfier
Hélene faute, & le lâche *Hippolite*
Lui porte un coup, remonte, & prend la fuite.
« Les Dieux, dit-elle, en volant fur fes pas,
» A mon courroux ne t'arracheraient pas ».
Dans fa fureur, en cercles elle agite
Sa longue pique, & d'un bras détendu,
Avec élan & la pouffe & la quitte.
Marc Hippolite entendit éperdu
Le fifflement, & comme un coup de foudre
Le trait frappant le jeta fur la poudre ;
Dans l'étrier il refte embarraffé.
Son palefroi, qu'emporte l'épouvante,
Traîne en tous lieux le cadavre froiffé,
Laiffant par-tout une trace fanglante
Du fer tremblant dont il était percé.
Le mouvement d'une pitié guerriere
Ramene *Hélene* auprès de *Lefdiguiere*.
Elle s'avance ; il refpirait encor :
Elle défait fon cafque formidable,
Qui laiffe voir une figure aimable ;
Ses cheveux blonds defcendent à flots d'or.
Sous les croiffans de deux fourcils d'ébene,
Un mouvement & pénible & douteux,

Laiffe entrevoir l'azur de fes beaux yeux.
A cet afpect, la redoutable *Hélene*
Sentit bientôt s'évanouïr fa haîne.
De la vengeance & du reffentiment,
Il n'eft qu'un pas à l'amitié fouvent.
« Jeune Guerrier, dit alors l'Amazone,
» Meurs innocent, & mon cœur te pardonne.
» Dieu m'eft témoin que j'ai vengé ta mort ;
» Cette faveur te vient d'une ennemie ,
» Qui , fi fa voix pouvait toucher le fort ,
» A prix de fang racheterait ta vie.
» Ainfi ce Franc , patriote fans foi ,
» Fut plus cruel que moi-même envers toi.
    » Le Dieu fatal qu'adore ta patrie ,
» Ce Dieu fanglant protége donc l'impie ?
» On ne voit point chez nous de ces forfaits ;
» Vos crimes font payés par des fuccès ,
» Et nos vertus fe payent d'amertume.
» Mon Dieu , plus grand fans doute que le tien ,
» Me dit de plaindre & d'aimer le Chrétien.
» Jamais le fang dans fes Temples ne fume ;
» Par la Nature il a dicté fa loi ;
» Elle nous dit que le bien eft la foi ;
» Que l'innocence & la pitié du fage
» Sont un encens plus pur que le carnage.
» Et ce Dieu faint ne veut être adoré

» Que par un cœur où ce culte eſt ſacré ».

Hélene vit une pauvre chaumiere

Dans le vallon ; cabane hoſpitaliere ,

Elle y trouva quelques ſimples Bergers ,

Par leur miſere , à l'abri des dangers.

« Venez , dit-elle , au nom de la Nature ;

» Un Paladin eſt tombé près d'ici ;

» Lavez le ſang qu'a verſé ſa bleſſure ,

» Et de mon cœur n'ayez point de ſouci.

» Votre ſervice aura ſa récompenſe ,

» Et ſi je meurs au milieu des combats ,

» Le juſte Ciel , qui tient dans ſa balance

» Et les bienfaits & les noirs attentats ,

» Se chargera de ma reconnaiſſance ».

Jà du ſoleil les premieres ardeurs ,

De *Leucothée* avaient ſéché les pleurs.

Hélene alors pique au travers la plaine ,

Et vole au camp. La Guerriere incertaine

Sur le ſuccès du combat de la nuit ,

Tremble d'avoir des larmes à répandre

Sur les débris de ſon camp mis en cendre.

De ſon époux l'image la pourſuit ,

Et dans l'ardeur de ſa courſe légere ,

Sur ſon armet ſon carquois retentit ,

Et ſon cheval fait voler la pouſſiere.

Toute la nuit on avait combattu ,

Sans distinguer le vainqueur du vaincu.
Chaque parti se donnait l'avantage.
Enfin le jour découvrit le carnage.
Les champs, de morts étaient par-tout couverts,
Hommes, chevaux, étendus pêle-mêle !
De flots de sang la plaine au loin ruisselle,
Et des tronçons des homicides fers,
De tous côtés le rivage étincelle.
L'astre du jour quitte à regret les mers.

Telle en hiver, après ces nuits palpables,
Où d'*Eolus* les sifflets importuns
Semblent vouloir éveiller les défunts ;
Une dévote, en conjurant les Diables,
Quitte son lit, où les fils de *Vénus*
Nichaient jadis à côté des *agnus*,
Puis endossant sa maternelle cape,
Au premier bruit des cloches dans les airs,
Vole à l'église, avec son chien qui jappe,
Et son missel qu'elle tient à l'envers.
Elle aperçoit débris de cheminée,
Par Boréas à moitié ruïnée,
Débris de Saint dans sa niche ébranlé,
Débris de toits, où le vent a sifflé.
Un pauvre here a couché dans la rue ;
La vieille prie, & n'en est pas émue,
Et cependant d'indécens aquilons,

En folâtrant dans les faints cotillons,
Laiffent lorgner au plaifant qui chemine ,
D'autres débris fur lefquels il badine.

　　Charles campa fur le côteau voifin ,
Et s'étendit jufqu'aux rives du Rhin.
Monfieur *Ebbo* , de qui la prophétie ,
Par le fuccès fe trouvoit démentie ,
Vint à fon tour complimenter *Charlot* ,
En lui difant que fa valeur extrême ,
En ce moment triomphait du Ciel même.
Marcel lui dit : « Vous , vous êtes un fot »,
Ebbo repart : « Vous êtes un profane ».

CHANT VII.

CHANT VII.

ARGUMENT.

Comment l'Ange gardien berné se vengea, comment Organt voyagea dans le Ciel, monté sur un Docteur.

O JEUNES cœurs, c'eſt ainſi qu'on vous damne !
Lancés à peine au ſein du tourbillon,
Des ſéducteurs la criminelle adreſſe,
De l'innocence aſſiége la faibleſſe,
Et par les ſens lui donne la raiſon :
Dans une coupe aimable, enchantereſſe,
Leur main adroite embaume le poiſon.
L'innocent boit ; adieu ſon innocence,
Adieu vertus, adieu paix de l'enfance.
Qu'arrive-t-il à l'eſprit égaré ?
Avec l'Egliſe & les Saints il fait ſchiſme,
Met en oubli le dévot catéchiſme,
Et les leçons de Monſieur le Curé.

Ainſi parlait d'*Antoine* le *bon Ange ;*
Vilipendé naguere au cabaret,
Comme la Grace au profane il verſait.
Sur un nuage à grands pas il marchait,
Diſant parfois : Il faut que je me venge !
Dans ſa fureur, le front il ſe cogna,
Qui, ſous le coup, étincelle jeta.
Il en ſortit, par le même paſſage,
Certain projet bien méchant, quoique ſage.
Ce grand deſſein était de déſunir
Antoine Organt, & cette Villageoiſe
Par qui jadis avint ladite noiſe :
Nice s'entend. Il ſauta de plaiſir ;
Et déployant ſes aîles diaprées,
Et par les bords artiſtement dorées,
Il s'envola, derriere lui laiſſant
Certain rayon d'odorante lumiere,
Qui jailliſſait du céleſte derriere,
Et ſuſpendu majeſtueuſement,
Droit il s'envole au pays des chimeres,
Reines du monde, & ſur-tout de nos peres.
Sur les confins de ce ſot Univers,
Affreux ſéjour, & terme où tout expire,
Du vieux néant s'étend le vaſte Empire ;
C'eſt là qu'on voit ces fantômes divers,
Enfans légers du ſommeil & de l'ombre,

Se promener fous des formes fans nombre,
Au fein profond de l'éternelle nuit,
Fuyant le jour qui les anéantit.
Là, font Docteurs, Médecins, & Sophiftes,
Marchands de Ciel, Sectateurs, Alchimiftes
Tendant la main, & maîtres d'un tréfor ;
Creux Charlatans, dont la fotte fcience,
Ou bien plutôt notre avare ignorance,
A chaque inftant métamorphofe encor
L'or en fumée, & la fumée en or.
C'eft là qu'on voit le Temple de Mémoire ;
L'orgueil en fut l'ingénieux auteur,
Et s'y plaça fous l'heureux nom de Gloire.
Il le bâtit de la fombre vapeur
Des actions fameufes fur la terre,
Et des forfaits enfantés par la guerre.
Il eft affis fur des lauriers honteux,
Tenant en main quelques rameaux poudreux,
Dont il fe fert à repouffer fans ceffe
L'opprobre altier qui le fuit & le preffe,
Et détourner l'importune lueur
De ce flambeau, dont l'équité terrible,
D'un œil profond, avide, incorruptible,
Vient éclairer le néant de fon cœur.
Il a les mains & la levre fanglante,
Les yeux tendus, fuperbes, menaçans,

Et toutefois la baſſeſſe impudente
Autour de lui brûle un profane encens ,
Dont la vapeur & les flots impoſans
Font voir l'idole au travers d'un nuage
Qu'adore un ſot , & que perce le ſage.
Là ſont placés tous ces vils Conquérans ,
Vantés par nous , & maudits en leur temps ;
Ces Dieux cruels , & que la renommée
Pétrit de ſang , de pleurs , & de fumée.
Ah ! faut-il tant ſe donner de ſoucis
Pour acheter l'opprobre & le mépris !

L'*Ange* , en paſſant , aperçut ſur ces rives
La Vérité , l'Equité , les Vertus ,
De notre monde aimables fugitives ,
Pouſſant vers lui des regrets ſuperflus.

Il ramena de ces lieux formidables
Deux *farfadets* aux deux amans ſemblables ;
L'un à baudet , comme *Nice* Aumonier ;
L'autre à cheval , comme le Chevalier.
Il les percha ſur ſon rayon céleſte ,
Pique , part , court , vole , arrive ſoudain ;
Les eſprits purs ſont d'une eſſence preſte.
Ce groupe en l'air frappa le genre humain ,
Qui bonnement crut voir une Comete.
Les Négromans prirent leur amulette.
Maintes Nonnains diſaient : Jéſus ! ma ſœur ,

La fin du monde ou quelque grand malheur !
On vit frémir la croix du Tabernacle ;
Chaque Saint fit cette année un miracle.
Mainte dévote avait des visions ;
On n'entendait parler que de Démons.
Le Pape en rut, armé de son étole,
Catéchisait au haut du Capitole,
Et tout cela pour un Saint qui pétait,
Et qui d'eux tous fort peu s'embarrassait.
Mais cependant *Organt* & sa maîtresse
Au nez du Saint cheminaient en liesse.
Un tel aspect (c'était fait pour cela)
De son cerveau le salpêtre éveilla.
Il fit d'un B. retentir l'atmosphere.
Eh ! qui craindra de jurer désormais ?
Passe un Valet, un Roi même, un Roi ; mais
Mais jure-t-on au séjour de lumiere ?

    L'un d'un côté, l'un de l'autre trottant,
Antoine Organt & sa maîtresse gente,
Au gré de l'Ange allaient se séparant,
Du *farfadet* suivant la trace errante.

    Jean l'Ecuyer avait pris les devans,
Pour se choisir une hôtesse vaillante
Et sans façon. Au yeux des deux amans
Les farfadets galopent dans la plaine ;
Ils les suivaient, courant à perdre haleine.

Nice pensa laisser son capuchon,
Et tous les deux perdirent la raison.
L'*Ange gardien*, d'une main invisible,
Précipitait leur course irrésistible.
Organt criait : Friponne, cette nuit,
De par Saint Luc, j'enchaînerai ta fuite !
En ricannant, l'*Ombre* lui répondit :
Nous le verrons, & puis se précipite.

De son côté, *Nice*, dont le baudet,
Impatient, les gregues alongeait,
Voyant bien loin percer dans la campagne
Son cher amant sur son cheval d'Espagne,
Criait à l'Ombre : Attendez, s'il vous plaît !

Le jour baissait, la vallée obscurcie
Favorisait cette supercherie.

Organt enfin au logis arriva,
Et *Nice* aux champs se trouvait loin de là.
Au même instant leurs yeux se dessillerent,
De tous côtés les regards ils tournerent;
Mais vainement. *Nice* se livre aux pleurs,
Et son amant à d'horribles fureurs.
Tel un lion de l'affreuse Hircanie,
Dont quelque More avare & sans pitié
A terrassé l'imprudente moitié,
Plein de douleur, transporté de furie,
Des longs accens de son sauvage amour

Fait retentir les déferts d'alentour.

Champagne alors vers fon maître s'avance.

« Quoi, lui dit-il , Seigneur ; quoi, nous pleurons !

» Y penfons-nous en bonne confcience ,

» Dans l'univers n'eft-il d'autres tetons ?

» Vous trouverez mille *Nices* pour une.

» En attendant , le temps point ne perdons ;

» Le verre en main , bravons notre infortune :

» Heureux , rions ; & malheureux , buvons.

» Le Ciel fort peu s'intéreffe à nos peines.

» Les Dieux là-haut , enivrés de nectar ,

» Entre les mains de l'aveugle hafard ,

» Du genre humain laiffent flotter les rênes.

» Notre vie eft un fleuve impétueux ,

» Libre en fa courfe , & maître de fon onde,

» Qui fuit fa pente , & traverfe le monde ,

» Tantôt parmi des rochers fourcilleux ,

» Des lits de fange , un effroyable abîme ;

» Tantôt parmi des fites plus heureux.

» Je plains celui qui fe rend la victime

» Des fimples jeux du hafard & du fort :

» Je ne crains rien , & même dans la tombe ,

» Si , fous fes coups , mon ame ne fuccombe ,

» Après ma mort , je rirai de la mort.

» Votre douleur eft douleur inutile ,

» Sur la fortune elle ne fera rien ;

» Au reſte , elle eſt & volage & mobile ;

» Par un caprice elle vous ôte un bien ,

» Que par un autre elle pourra vous rendre.

» En attendant , le parti qu'il faut prendre ,

» C'eſt de livrer votre peine au zéphyr ;

» C'eſt de chanter , & de rire, & de boire,

» Pour convertir cette peine en plaiſir ,

» Ou tout le moins en perdre la mémoire.

» Eſt-ce aux Héros à ſe laiſſer charmer » ?

Organt repart : « Ah ! fallait-il aimer » !

　　Il était nuit , Diane nébuleuſe

N'était encor qu'à ſon premier croiſſant.

Nice , jouet de ſa peine amoureuſe ,

Sans ſavoir où , s'en allait cheminant.

De temps en temps , le long des vaſtes plaines

Mon cher *Organt* ! *Organt* elle criait ;

Et l'écho ſeul , ſur les cîmes lointaines ,

Plaintivement *Organt* lui répondait.

Ses bras mignons au Ciel elle tendait ,

Et ſes beaux yeux , pleins d'inutiles charmes ,

Et qui fondaient en inutiles larmes.

Il était nuit ; où giter cependant ?

A qui s'offrir ? Car elle avait grand'peine

A ſe montrer ſous le noir vêtement.

　　Tandis qu'ainſi , malheureuſe , incertaine ,

Elle flottait entre mille projets ,

Nés l'un de l'autre, un par l'autre défaits,
Elle entendit le son d'une musette,
Qui s'élevait du milieu des forêts ;
Pour l'écouter, *Nice*, en pleurant, s'arrête.

« Il est sans doute heureux, dit-elle, hélas!
» Celui qui chante, & que j'entends là-bas » !
Nice, à ces mots, éplorée & tremblante,
Devers ces lieux où le berger chantait,
Hâtait au trot sa monture indolente.
On aurait dit que le drôle en effet
Prenait plaisir au pied qui le frappait.
Pour comble enfin, comme *Nicette* avance,
Notre Berger sa musette laissant,
Fit place au loin au plus morne silence.
Près d'un ruisseau, *Nicette*, en cheminant,
Vit un vieillard endormi sous un plâne ;
Elle descend, timide, de son âne,
Accourt, s'approche, & croit voir un pasteur ;
Mais elle voit *Ydrahaut*, l'Enchanteur,
Qui, pour voler librement dans l'espace,
Avait laissé son corps en cette place.
Ses vêtemens étaient blancs, & de lin ;
Sa barbe antique, artistement bouclée,
A flots d'argent descendait sur son sein ;
Une ceinture étroite & constellée,
Autour de lui tenait dans son repos
Une baguette, un livre, & des anneaux,

De la magie inftrumens infernaux.

Nice héfitait, & d'une main timide

Elle touchait le vieillard doucement,

Qu'elle craignait d'éveiller cependant;

Mais fon efprit, occupé dans le vide,

Et dégagé des liens de fon corps,

De ce bas monde était bien loin alors.

Il connaiffait à fond l'Aftronomie,

Apparemment flambeau de la Magie,

Et s'en allait dans les champs éternels

Etudier le deftin des mortels.

Au bord de l'eau, *Nice* étendit fes charmes,

En attendant le reveil d'*Ydrahaut*;

Bref, elle entend des courfiers au galop.

« Voici venir, dit-elle, des Gendarmes,

» Eloignons-nous ». Elle prend fon grifon,

Monte deffus & perce le vallon.

C'était *Organt* & fon ami *Champagne*,

Pour la chercher, qui battaient la campagne,

Organt tantôt ou jurait ou pleurait,

Et l'Ecuyer fur fon âne *préchait*.

Nos fpadaffins courent les plaines vertes,

Les monts, les bois, & les gorges défertes,

Bien étonnés, le lendemain matin,

De fe trouver fur les rives du Rhin.

Ils entendaient de loin un bruit de guerre;

Organt s'arrête, & leve fa vifiere.

« Ami, dit-il, on combat près d'ici ;

» Heureux qui meurt ! allons mourir auſſi ».

Comme ils parlaient, de la plaine voiſine,

En voltigeant, Zéphyr leur apporta

Le ſon aigu d'une cloche argentine.

Champagne au bruit ſon oreille prêta ;

Il aperçut dans le lointain bleuâtre

Le coq altier du clocher d'un couvent.

« Pour Dieu, dit-il, afin de mieux combattre,

» Allons là-bas dîner auparavant ».

   Derriere un bois, muette ſolitude,

Loin des mondains & de l'inquiétude,

 Quelque Traitant, de ſes tardifs remords

Bâtit au Ciel un couvent ſur ces bords.

Ici paraît une tourelle enduite

Des larmes d'or de la veuve proſcrite ;

Là le regret éleva des murs ſaints

Des pleurs amers, du ſang des orphelins,

La ſacrilége & profane Opulence

A mis ce ſang pour y crier vengeance,

Sur ces autels où le Dieu de bonté

Fait homme un Dieu, fait Dieu l'humanité,

  Une tardive & froide pénitence,

Là de Frocards a renté l'indolence.

« C'eſt donc pour eux que l'avare Intérêt,

» Lavant ſes mains dans un autre forfait,

» S'eſt engraiſſé de meurtres, de victimes,

» Pour foudoyer à jamais d'autres crimes !
» Quelques tondus payent-ils les malheurs
» Des innocens dont ils boivent les pleurs »?
Antoine Organt, en parlant de la forte,
Jà du Moutier découvrait la grand'porte,
Où s'élevait fur la croix expirant,
Un Dieu pour nous chaque jour renaiffant.
Organt arrive ; il entre au monaftere.
Près de la porte était un vieux tilleul,
Dans ce féjour, vénérable lui feul.
Le *fpadaffin* trouva là grande chere,
Et l'avant-goût des biens du Paradis.
Ces gros reclus, de vin mufcat fleuris,
En le voyant font faifis d'épouvante.
Pere *Anaclet* vint au devant de lui.
A chaque pas, fa bedaine branlante
Rebondiffait fur la terre tremblante.
Il fe courbait fur un mobile appui ;
Mille rubis, de couleur éclatante,
Etincelaient fur fon nez montueux,
Et fon menton, fur un pourpoint craffeux,
Se promenait à replis onctueux.
Il maugréait, d'une voix clapiffante,
Contre le preux, qui, fans permiffion,
Etait entré dans la fainte Sion.
Organt, flétri de douleur & de rage,

Incontinent

D'un coup de poing foulageant fon grand cœur,

Fit reculer Monfieur l'Inquifiteur.

On crut alors le couvent au pillage.

Notre prudent & tranquille Ecuyer

Met pied à terre , & cherche le cellier.

Les faints reclus , l'effroi fur le vifage ,

Priaient Saint-Jean de conjurer l'orage ,

Et s'écriaient : « Monfieur le Paladin ,

» Ah! prenez tout , mais laiffez-nous le vin ».

 Organt leur dit : « Meffieurs , mettez la table ;

» Je viens ici boire à votre fanté ».

Les porte-froc , à ce difcours affable ,

fe coloraient d'un air d'aménité.

Bientôt le vin diffipa les alarmes ,

Et du tokai la fubtile vapeur

Rougit les fronts qu'avait blanchis la peur.

Antoine Organt leur conta fes faits d'armes ;

Il commença d'oublier fon chagrin ,

Et fon amour qu'avait noyé le vin.

Vers le deffert : « Çà , leur dit notre Alcide

» D'une voix forte & d'un air intrépide ,

» Ce n'eft pas tout : vous voilà rebondis ;

» Il faut , Meffieurs , marcher aux ennemis :

» Je les ai vu poindre fur vos montagnes ;

» Le Rhin lui feul vous protege contre eux ;

» Ils vont bientôt fondre dans ces campagnes ,

Part. I.   K

» Et s'en viendront boire votre vin vieux.

» Çà braves gens, armez-vous; qu'on me suive ».

Parlant ainsi, son redoutable bras,

Aux yeux hagards de la troupe craintive,

Faisait briller un large coutelas.

Le pere *Luc* ne put vider son verre;

L'un se signa, l'autre fit sa priere,

Et tout à coup la fenêtre s'ouvrit;

Du haut des Cieux un âne descendit.

Mes chroniqueurs étaient gens bien profanes

D'aller nicher en paradis des ânes.

Voici comment certains Commentateurs

Ont expliqué cet indévot passage :

« Apparemment quand l'ame des Docteurs

» A dépouillé les terrestres honneurs,

» Pour s'envoler au céleste héritage,

» L'âne paraît, & reste à découvert ».

Mais revenons à mon saint homme d'âne ;

Son corps était vêtu d'une soutane,

Un grand bonnet par le sommet ouvert,

Couvrait son chef, & cachait ses oreilles.

Que de bonnets en cachent de pareilles !

L'âne, porté sur l'aîle d'Aquilon,

Par la fenêtre entre dans le salon

Où s'abreuvaient tous les bienheureux Peres.

« Du haut des Cieux, je viens, dit-il, mes freres,

» Pour vous tirer du coupable danger

» Où le courage aurait pu vous plonger.

» Quoi ! méprifant le Saint Pere & l'Eglife ,

» Vous aideriez la mondaine entreprife

» D'un Paladin. *Horret à fanguine*

» *Ecclefia* » ! Lors d'un épais nuage

Il entoura le brave courroucé

Dont il voyait s'allumer le vifage.

Ainfi Vénus , aux rives de Carthage ,

Couvrit fon fils avec l'air condenfé.

L'âne , en latin , tint après ce langage.

« Fut-il un fot , l'Apôtre ingénieux ,

» Qui , par des lois fi doucement féveres,

» A défendu que tout Religieux

» Traître , infidele à fon culte pieux ,

» Ne fe baignât dans le fang de fes freres ?

» Par ce moyen , loin du bruit , loin des guerres ,

» Dans un torrent de plaifirs enchanteurs ,

» Du genre humain vous narguez les malheurs ;

» D'un mort dupé les remords vous font boire,

» Et vous riez fous votre cape noire ,

» Quand vous voyez le mortel hébêté

» Baifer la trace où vos pas ont porté ».

Le Paladin fe laffait de l'entendre

Braire en latin , fans pouvoir rien comprendre ;

Il s'élança , le braquemard en main

Hors du nuage où l'avait mis le Saint.
Espadonnant & d'estoc & de taille,
Sans goutte voir, il court de tout côtés.
Les saints reclus fuyaient épouvantés,
Tous rebondis de la grasse ripaille
Qu'ils avaient faite. *Organt* fut au hasard
Heurter le Saint d'un coup de braquemard.
L'âne, dressant & l'oreille & la queue,
Fit retentir, du clairon de sa voix,
L'air, le couvent, & toute la banlieue.
C'était ainsi qu'il prêchait autrefois.
D'un bond léger, le guerrier, plein d'audace,
Impétueux s'élance sur le dos
Du saint baudet, par la fenêtre il passe.
L'âne rua, péta, fit mille sauts.
Organt saisit les oreilles pour bride
Allegrement, s'envola, disparut,
Et rassura notre banquet timide,
Qui, de rechef, se réunit, & but.

    Organt planait au séjour de l'orage,
Profanement sur le Docteur monté ;
Sylphes, lutins volaient sur son passage,
Riant, bernant le pauvre âne hébêté.
En voltigeant, ils lui tiraient l'oreille,
Et lui faisaient mainte insulte pareille.
Mathieu nous dit que ces frêles cerveaux

Etaient pétris de sel & de bons mots,
Dont la vapeur & délicate & fine
Ne montait point à la cervelle asine.

De temps en temps le saint Docteur ruait,
Et le Héros à grands coups charpentait
Les flancs sacrés du céleste Bourique,
Qui lui disait, dans son style énergique,
Que le Seigneur un jour le jugerait.

Sur l'Univers la nuit tendait ses voiles,
Tout chamarrés de brillantes étoiles,
Et dirigeait de l'orbe occidental
Son char traîné par un maigre cheval.
Le Paladin, en promenant sa vue,
Vit dans les airs un palais de cristal,
Qui s'élevait comme sur une nue :
Mathieu Pâris aimait le merveilleux.
En lettres d'or on voit au frontispice :
L'Extravagance habite dans ces lieux.
Organt sourit, & se dit sans malice :
« Je lui connais des Temples aussi beaux
» Dans l'Univers ». En prononçant ces mots,
Il admirait ce bizarre édifice,
Etincelant d'un million de flambeaux.
Sous un portique, il vit nombre de sots,
Tristes amans de notre Pythonisse,
Mores, Gaulois, Espagnols, Ostrogots,

Qui venaient là de l'un & l'autre pôle
Chercher les Arts, le goût, le bel esprit,
Et le bonheur, qui s'appelait V....le.
Ici la haîne à la haîne sourit ;
Là j'apperçois Courtisanes tannées,
Tombeaux blanchis : ces roses surannées
Vendent aux gens la mort qui les nourrit,
Jouant l'amour, ses faveurs & sa flamme,
Le front serein, la rage au fond de l'ame,
Donnant un cœur pour un morceau de pain.
Là la Richesse au pauvre tend la main.
Les yeux hagards, ici rode l'Envie ;
Nouveau Tantale, on la voit qui poursuit
Un affiquet, un carrosse, un habit.
Ici l'Orgueil, là la Coquetterie,
L'œil de côté, l'abord doux & flatteur ;
Le vermillon lui tient lieu de pudeur.
Elle s'avance ; elle a pour compagnie
L'Intrigue sourde & la Discrétion.
Et l'Impudence & la Dévotion ;
Là des pédans réforment la patrie.
Là des Prélats, Hermites du bel air,
Et que l'on croit dans le monde au désert ;
Là les soucis qui se pâment de rire ;
Là des rimeurs haves, secs, effarés,
Dont la faim seule a causé le délire ;

Là la vertu fous des haillons foupire ;
Là des faquins & des forfaits dorés.

   Antoine dit au Portier : « La Déeſſe
Eſt-elle ici ? puis-je la voir » ? Non pas ;
Elle eſt en France , & voici ſon adreſſe ,
Devers Paris aſſemblant les Etats.

CHANT VIII.

ARGUMENT.

*Etrange péché d'*Antoine Organt ; *étrange pays où il aborde ; étrange action de l'*Ange gardien.

L'*ANGE GARDIEN* de l'incrédule *Organt ,*
Raffafié de fa fainte vengeance ,
Avait quitté l'atmofphere de France ,
Et revolait tout fier au Firmament.
Il voit *Organt* affourché fur un âne ,
Un faint Docteur , & qui dans les airs plane.
Le papelard ayant tors fon cou long ,
Savance , & dit : « O mon tendre pupille ,
» En bonne foi , perdez-vous la raifon » ?
« Corbleu ! repart ce filleul indocile ,
» Monfieur le Saint , qui faites le Docteur ,
» Vous commencez à m'échauffer la bile ;
» Reftez là-haut , & laiffez-nous tranquille ;

» Car me déplaît ce babil orateur.

» Je veux pêcher, moi, rien ne m'en empêche ;

» Et que vous fait, ventrebleu, que je pêche ?

» Je veux rôtir avec ces gens fameux,

» Dignes peut-être, & plus que vous, des Cieux;

» Tant de Beautés célebres dans le monde,

» Et que dévore, hélas ! le gouffre immonde!

» Ainsi partez, Monsieur le Prédicant,

» Et laissez-moi pécher tranquillement ».

« Ah ! répondit d'une voix tremblotante

Le *Saint*, saisi d'horreur & d'épouvante,

» Puisse le Ciel, ingrat, vous pardonner !

» Quoi, mon filleul, vous voulez vous damner » ?

« Oui, je le veux » ; & sans autre parole,

Il vole à lui, le coutelas au poing,

Et d'un grand coup lui fait voler bien loin

Et son oreille, & morceau d'auréole.

Il le poursuit, l'Ange fuit dans les Cieux,

Remplissant l'air de ses cris furieux ;

Et le pervers disait d'un ton profane :

« Trouve mauvais désormais qu'on se damne » !

Parlant ainsi, dans le vide il planait,

Comme un César, assis sur son baudet,

Qui, respirant dans un air sympathique,

Se rengorgeait, pétait, caracolait,

Et modulait sa voix académique.

Le Chevalier, trottant par le pays,
Roulait par-tout de grands yeux ébahis.
Il regardait comme chose nouvelle
De trouver là le pauvre genre humain,
Lequel rongeait un ridicule frein,
Sanglé, bridé, courbé sous une selle,
Et, qui pis est, des ânes gravement
Traînés par lui sur un char triomphant.
Là sous le joug quatre bêtes humaines,
A pas comptés, de même que nos bœufs,
Tiraient le soc, & traçaient avec peine
Un dur sillon sur un sol raboteux.
Dans ce pays, les ânes, pour les hommes,
Sont ce qu'ici pour les ânes nous sommes.

Ils ont leur code & leur gouvernement,
Leurs Magistrats, leurs Lois, leur Parlement,
De grands Docteurs, héritiers des Apôtres,
Et c'est de là que nous viennent les nôtres.
Ils ont aussi leur Université.
La Capitale est *Asinomaïe*.
Mon Chevalier, trottant par la Cité,
Scandalisait le peuple à longue ouïe,
Qui le voyait sur un âne monté.

Cet attentat parut le plus profane,
Le plus hardi, dont de mémoire d'âne,
Dans le pays on se fût avisé.

Le pauvre Saint était formalifé.
Quoi qu'il en foit, l'humilité célefte
Le retenait; on le voyait fouffrir;
Il tenait bas une oreille modefte,
Et feulement quelque léger foupir
Faifait par fois la cité retentir.

    Mais que difait la race pécadille?
De tous côtés les bons mots circulaient,
Et par un rire où les graces brillaient,
Au Paladin les efprits fe montraient
Epanouis d'une façon gentille;
Ils excellaient dans l'art des calembourgs.
Efprits pointus des plaifans de nos jours,
Vous êtes nés fous cet aftre bénigne.
Les ânes ont là-haut l'efprit bien fait,
Les nôtres ont la bile plus maligne:
Que fi cet œuvre à leurs yeux paraiffait,
Vous les verriez s'épuifer en ruades,
Et m'envoyer de longues pétarades
Au nom du Ciel; que pitié d'eux il ait!
Mais les pavots de leur Académie,
Sans moi, pourront endormir l'Aonie.
Qu'ai-je befoin, fur le docte fommet,
D'aller montrer, en ma folie extrême,
Un fot de plus? Un de moins il aurait,
Si le S..... avait penfé de même.

Mais reprenons notre premier objet.

Antoine Organt était tout stupéfait
De voir ainsi la pauvre humaine engeance ;
Il ne voyait que ce qu'on voit en France.
« Dieu soit loué, ce qu'il fait est bien fait,
» Disait *Organt*. L'homme n'est qu'une bête,
» L'âne non plus ; c'est le droit de conquête.
» Apparemment les hommes par là-bas
» Sont les plus forts, & l'âne en ces climats.
» Voyons pourtant, pendant que nous y sommes,
» Si, dans ces arts dont nous nous pavanons,
» Ces ânes-ci valent les ânes hommes ;
» Si c'est du moins pour de bonnes raisons
» Qu'ils servent l'homme, ou que nous les servons».
Il se trouvait alors près d'une église.
Il entre, & voit ânes le froc en chef.
Dans notre siecle, il se serait cru, bref,
Chez les enfans de Saint-François d'Assise,
Comme Lourdis, lequel, chez la Sottise,
Si l'on en croit le sincere *Arouet*,
Dans son couvent encore se croyait.

Un âne en chaire, esprit évangélique,
Adoucissait sa voix apostolique.
Il appuyait d'un pied périodique
Les vérités que sa bouche entonnait.
L'oreille haute, & de dextre & de gauche,

Comme

Comme un manant qui dans la plaine fauche,
Son éloquence au peuple il envoyait.
Point n'oubliait une modeste pause,
Quand il avait dit une belle chose.
Son cœur ardent semblait voler à Dieu,
Et les élans de sa voix déployée
Faisaient frémir les échos du saint lieu.
Il parla d'or ; la troupe édifiée,
Chacun chez soi s'en fut sanctifié,
Et le Docteur avait si bien prêché,
Qu'en descendant il eut un évêché.

   Organt disait : Nous faisons tout de même,
Puis il s'en fut, & l'imprudent fit bien ;
Car un bédaut venait chasser le chien.
Comme on jugeait une cause suprême,
Au Parlement il s'en fut de ce pas,
Où tout à l'heure au Cirque de Cujas
Allaient lutter de braillards Avocats.
Là gravement tousse Monsieur le Juge ;
Là les grugeurs, & là ceux que l'on gruge.
Bref, un Huissier cria : Paix là ! paix là !
L'on fit silence, & puis l'on commença.
Voici d'abord un début pathétique,
Enluminé de fleurs de rhétorique,
Et dans lequel la lune & le soleil
Jouaient sur-tout un rôle non pareil.

  Part. I.   L

Des deux côtés, les Avocats tonnerent,
De tous côtés les oreilles dresserent.

A ce fracas, on devine aisément
Qu'il s'agissait d'un cas très-important.
Si l'on en croit des chroniques certaines,
C'était, Messieurs, pour un licou volé,
Que l'on avait tant & si bien hurlé.
Or vous saurez que, depuis six semaines,
On ne parlait, grand, petit, sage, fou,
Que du licou, du licou, du licou ;
On en parlait à la table du Prince,
Dans les boudoirs de toute la province,
Et ce licou fit lui seul plus d'éclat,
Que n'auraient fait mille crimes d'Etat.
Sur ce licou l'on fit un nouveau code,
Et les licous devinrent à la mode :
Onc on ne prit un si juste ornement.

Monsieur le Juge, après très-longue pause,
L'oreille haute, & le nez renfrognant,
Dans le silence & le recueillement,
Comme il aptait à cette grave cause ;
Après avoir pesé très-mûrement
La vérité, prononça posément,
Et toutefois condamna l'innocent.
Organt disait, nous en ferions autant.
Bien qu'en ces lieux l'homme fût bête vile,

On ne fut pas de l'y voir bien furpris.

Ce n'étoit pas chofe plus incivile

Que voir un âne en tribune à Paris.

On ne dit rien ; on crut, à fa figure,

Que de fon âne il était la monture :

On le voyait marcher à fes côtés.

   On adorait dans l'*Afinomaïe* ,

Comme ici bas, *Melpomene* & *Thalie* :

Non toutefois ces deux Divinités ,

Meres de l'Art , filles de la Nature ,

Rouges fans fard , & belles fans parure ,

Telles qu'enfin les a repréfenté

La vertueufe & fimple Antiquité.

   Là *Melpomene* , en âne traveftie ,

Braille en vers froids la morale bouffie ,

Et grimaçant pour amufer les fots ,

En vieux Rhéteurs habille les Héros ;

Prône le M . . . . . . , & rit du vieux Corneille ,

Siffle Dorfeuille , (1) , & careffe S . . . . F . . . ,

Pour avoir fait de Pyrrhus un brutal ,

Et d'Apollon épouvanté l'oreille.

   Antoine Organt , fimple comme un Gaulois ,

Dit , en voyant ces Grecs Groënlandois :

---

(1) Dorfeuille , Acteur fublime , plein de naturel , &
par conféquent repouffé par les Comédiens français , en
dépit du Public même , qui l'a redemandé quatre fois.

C'eſt donc ainſi qu'on parlait autrefois ?
Il voit *Thalie* en cotillon meſquin ,
Pour des ſabots laiſſant le brodequin ,
Froidement gaie , & groteſquement tendre ,
Dédaigner l'art & le ſel de Ménandre.
Organt vit là M . . . . . , dont le talent
Eſt d'écorcher Moliere impunément ,
Et Deſ. . . . , le Sancho de l'école ,
Qui croit l'Olympe aſſis ſur ſon épaule ;
La glaciale & brûlante R. . . . . ,
De qui les feux ont fait rougir l'amour ,
Et dont le cœur , digne de Meſſaline ,
Parodia la Trinité divine,
Avec trois culs l'un par l'autre preſſés ,
Et ſe heurtant , unis & diviſés.
F. . . . . , ſuivant & mignon des Héros ,
Lequel jamais *ne dormit ſur le dos* ;
Cette C. . . . . , nouvelle Cythérée ,
Que ſur le ſable apporta la marée ;
Et Dor. . . . , dont le palais branlant
Mâche les vers de ſa derniere dent ;
Cette Ch. . . . , âneſſe de Cythere ,
Divinité dont *Cybelle* eſt la mere ;
Fl. . . . enfin , fot avec dignité ,
Therſite en ſcene , *Achille* au Comité.
　　Or de nos jours *Balourdiſe* inhumaine ,

Tantôt *Thalie*, & tantôt *Melpomene*,
Sur un nuage attelé de dindons,
Pendant la nuit, a, de ces régions,
Devers Paris traîné ces Licophrons,
Et notre France est une Colonie
Des champs déserts de l'*Asinomaïe*.

Gente *Huberti*, mon Preux ne vous vit point
Dans ce pays ; vous étiez à Cythere
Avec l'Amour, dont vous êtes la mere.
Mathieu Pâris m'est garant sur ce point ;
Mais vos talens valent bien sa chronique.
Turpin (1) était le minois d'*Angélique* ;
L'Abbé *Tritéme* (2) était celui d'*Agnès*.
Organt s'en fut au Temple du Génie ;
Certaine odeur de loin prenait au nez,
Odeur asine, odeur d'Académie.
Figurez-vous les Quarante assemblés.
Au milieu d'eux paroissait la Science,
Cent fois plus sotte encor que l'Ignorance ;
Ses yeux étaient ceints d'un voile d'airain ;
De le percer elle tâchait en vain !
Elle tenait une lanterne obscure,

---

(1) Chroniqueur d'Ariofte.
(2) Chroniqueur de la Pucelle.

D'où s'élevait une fumée impure,

Et toutefois son cortége hébêté,

A sa lueur cherchait la vérité.

Sa nuque était vers la terre affaissée ;

Elle rongeait le mords avec les dents ;

Et par ce mords, sa langue embarrassée

Ne bégayait que des sons discordans.

　　Le sot Orgueil paraissait auprès d'elle ;

Il lui servait de digne champion,

Et chaque jour, à sa gloire fidele,

Il combattait sa rivale, Raison.

　　Le Paladin dormit à la séance ;

En ce moment, un songe aérien

Vola vers lui du Mont Olympien.

Il emporta son esprit vers la France,

Et lui fit voir l'image des combats,

Et les lauriers qu'il ne moissonnait pas.

　　En ce moment, les troupes s'ébranlerent ;

Les deux partis l'un vers l'autre marcherent.

La charge sonne, on vole ; mille cris,

De mille coups à l'instant sont suivis.

Charles criait : *Nivernois*, *Picardie*,

Soyons vainqueurs, ou perdons tous la vie !

Les bataillons heurtent les bataillons :

On porte, on pare, on rend mille horions.

Pannon reçoit un coup de cimeterre,

Et voit rouler fon nez fur la pouffiere.
Charles, fuivi d'un efcadron picard ,
Se précipite , & combat au hafard.
Les ennemis , comme la foudre il perce ;
Il frappe , il tue , il écarte , il renverfe.

Vous avez vu les fougueux Aquilons
Livrer la guerre aux fragiles moiffons ,
Bouleverfer les campagnes humides ,
Et fous les eaux chaffer les Néréïdes :
Ainfi devant *Charlot* & fes Picards ,
Les ennemis fuyaient de toutes parts.
Organt , en proie aux vapeurs de Morphée ,
Croyait auffi lutter dans la mêlée.
Heureux fommeil , dans tes bras féducteurs ,
Préfente-moi de plus douces erreurs !
Tranfporte-moi dans ces lieux enchanteurs ,
Où les Amours veillent près d'*Emilie* ,
Sur le duvet mollement affoupie.
Là , fur la foi des ombres de la nuit ,
(O fonge heureux que n'es-tu véritable !)
Montre-la moi dans un défordre aimable ,
Un bras , un fein , une feffe hors du lit ;
Que je l'entende , en une erreur pareille ,
Me confeffer quelque tendre fecret ,
Et que le bruit d'un baifer indifcret ,
Entre mes bras en furfaut la réveille.

Le fang coulait fur les rives du Rhin,
Organt voyait l'agile Renommée
Courir les rangs, un laurier à la main,
Et les Guerriers de l'une & l'autre armée,
Avec chaleur balancer le deftin.
Alors *Pepin*, frere du Roi de France,
Tombe mourant à l'afpect d'une lance.
A ce malheur, *Organt*, faifi d'effroi,
Courut venger le frere de fon Roi;
Car il dormait, & ne foupçonnait guere
Etre fi loin du monde fublunaire.
On écoutait alors un madrigal;
Le Paladin, en ftyle fort brutal,
Change la fcene, & fond fur l'Auditoire:
Vîte on détale, & tous les beaux Efprits
fuyaient chantant fur le ton de *Piis*.
Organt s'éveille, & rougit de fa gloire.
Heureufement fon âne il retrouva,
Monta deffus, & dans l'air s'éleva;
Bientôt après fon procès s'informa.

Quand le *Gardien*, l'oreille délogée,
Se préfenta dans le faint Apogée,
Des efprits purs les regards curieux,
Sous les flots d'or de fes blondins cheveux
Percerent tôt, & la troupe enjouée
Fit circuler une longue huée.

Monsieur *David*, sur un sujet si beau,
Un couplet fit, plein d'un sel hébraïque,
De *Balaam* l'âne en fit la musique,
Et tous les deux, montés sur un tréteau,
L'un modulant sa harpe prophétique,
L'autre l'éclat de sa voix énergique,
Vilipenda le bon Ange confus,
Et divertit le peuple des Elus.
Le gros *Cochon*, d'Antoine le compere,
Fit le trio ; car jaloux il était
Que le Psalmiste, & l'âne, son confrere,
Eussent pour eux tout l'honneur du couplet :
Vous eussiez dit trois de l'Académie.

Le bon *Gardien* n'entendit raillerie.
« Corbleu, dit-il   on vous conseillerait
» De plaisanter, si toute ma vaillance,
» De mon oreille avait suivi la chance.
» Je n'en fais rien ; mais je m'en sens, je crois,
» Encore assez pour vous cogner tous trois.
» Si la valeur était dans les oreilles,
» De vous braver je me garderais bien ;
» Car il n'en est aux vôtres de pareilles
» Dans le contour de l'ost Olympien.
» Mais je ne suis ni *Baudet*, ni *Psalmiste*,
» Et ni *Cochon*, de par *Saint-Jean Baptiste* :
» Donc, pour avoir ma revanche en ce point,

» Je vous attends tous trois au coup de poing ».

Un tel difcours enflamma le courage

Du *faint Roi Juif ;* il s'élance à l'inftant ,

Se met en garde , & le combat s'engage.

Nos deux lutteurs , une jambe en avant ,

Les yeux en feu , fous leurs poignes nerveufes ,

Font tour à tour gémir leurs têtes creufes.

L'*Ange* reçoit fur fon nez émouffé ,

Un vaillant coup , dont il eft renverfé

Si rudement , que les cieux en frémirent.

Des cris de joie & de peur s'entendirent.

Il fe releve , & baiffant un front dur ,

Prend fon élan , & va d'un coup plus fûr

Frapper le Juif dans fa ronde bedaine ,

Et l'envoya , fans pouls & fans haleine ,

A quinze pas. L'intrépide *Gardien*

Court attaquer l'âne muficien.

Pour le *Cochon* , il avait fui d'avance ;

Pour un *cochon* , c'était trait de prudence.

L'*âne* entonna l'hymne pour le combat ,

Et préfentant fes feffes déliées ,

Lâche au *Gardien* fes gregues déployées ;

Adroitement l'*Ange* fur lui fauta ,

Et le baudet par les airs l'emporta ,

En répétant le couplet du *Pfalmifte* ,

Qui chantait lors fur un ton bien plus trifte.

Mon cher Lecteur, laissons battre les Saints,
Et revenons à ces pauvres humains.
J'ai trop long-temps voyagé par les nues,
En vous leurrant de visions cornues,
Et de maint conte à sommeiller debout.
Il faudra bien enfin que je vous parle
De l'*Aumônier*, de *Vitikin*, de *Charle*,
De *Caroline*, & *Nicette* sur-tout.
Dame Folie a brisé mes cordages.
Comme un vaisseau qui flotte sur les eaux,
Par un gros temps détaché des rivages,
Ma frêle nef s'avance au gré des flots :
Puissent les vents nous être favorables,
Et nous mener, par des sites aimables,
Devers Ithaque, ou, pour mieux dire, au but,
Et de son port, *dans celui du salut* !

CHANT IX.

ARGUMENT.

Comment l'Aumônier George, jadis feffé, rencontra fa maîtreffe Balourdife; comment il fe brouille avec icelle; comment le Comte de Blois délivra fa fœur.

Mon cher Lecteur, prenez une bouteille
Auprès de vous, & fi vous fais dormir,
Buvez un coup, cela l'efprit réveille,
Ou tout du moins l'endort avec plaifir.
C'eft un remede exquis, aimable, voire,
Dont fe fervait, quand il lifait *Cottin*,
L'ami *Boileau*, de cauftique mémoire,
Et maint moderne, en lifant le *Coufin*;
Au lieu d'écrire, il ferait mieux de boire;
Il rirait mieux, & nous bâillerions moins,
S'épargnerait nos ennuis & fes foins,

Et

Et le plaifir aurait, s'il n'a la gloire ;
Car, mes amis, l'un vaut l'autre, à mon fens :
L'un eft aimable, & l'autre une cruelle,
Qui dans fes bras étouffe fes amans.
Dans l'un & l'autre, à l'égal on chancele ;
Mais il vaut mieux chanceler dans le vin,
Que fur le Pinde, une lyre à la main.
    Prenez pour vous cet avis d'importance,
Dira *Piis*. Êtes fot comme nous.
Soit, j'en conviens ; mais le Docteur *Amphoux*,
Dans un B.....p., prêche la continence.
Piis & moi fommes fots, j'en conviens ;
Mais malgré tout, bien que chacun le fache,
Soit vanité, foit complaifance lâche,
Nous ne faurions diffoudre nos liens.
Mais quant à moi, je n'ai pas la manie
De m'ériger en maître d'harmonie,
Et de vouloir que le Faune danfant
Accoure au bruit de mon fiftre écorchant ;
De croire enfin, fi le goût me condamne,
Que le public a des oreilles d'âne.
Sur ce point-là, *Piis* m'eft différent.
Amen, *amen*. Viens, Dieu de la bouteille,
Prends ma trompette à ta bouche vermeille ;
Infpire-moi, fais briller mes écrits
Du feu charmant dont brûlent tes rubis.

Part. I.   M

Çà , revenons à l'hiſtoire diſcrete
De l'Aumônier qui convoita *Nicette* ,
Lequel avons au cabaret laiſſé ,
Bien ſot naguere , & ſur-tout bien feſſé.
Je vais chanter , ſur ma vielle comique ,
Ce qui ſuivit cette encombre tragique.
Quand une fois le bizarre deſtin
A ſur quelqu'un appeſanti ſa main ,
C'eſt pour long-temps , & le cruel entaſſe
A chaque inſtant diſgrace ſur diſgrace.
Olympe un jour perdit ſon perroquet ,
Deux jours après , ſon petit chien barbet ,
Son chat enſuite , & d'outrage en outrage ,
Bientôt après perdit ſon pucelage ,
Et dit enſuite avec quelque ſujet :
Cruel deſtin , n'es-tu pas ſatisfait?
George de même , & pour une accolade ,
Se vit roué d'une horrible gourmade.
Ce ne fut tout ; car le ſurlendemain ,
En ſe levant , pour tout bien il ne treuve
Que ſa culotte & ſon miſſel latin.
Il fait tapage ; il appelle la *veuve ;*
Il apprend tout. Je ne vous peindrai pas
De ſa fureur les terribles éclats.
Le Diable il jure , & le pouvoir magique ,
Qu'on lui paiera ce déloyal affront.

Parlant ainſi d'une voix énergique ,
Ses yeux remplis d'un feu diabolique ,
S'arrondiſſaient , & ſortaient de ſon front.
Seul en ſon gîte alors il ſe retire ;
Sa voix s'entend au ténébreux Empire ,
Et ſur le champ on voit les toits voiſins
Environnés de cinquante Lutins.

George , bientôt, avec l'air d'un vieux Reître ,
Impétueux , vole par la fenêtre ,
Droit ſur un char traîné par deux mulets.
Ces deux courſiers étaient nos deux valets ,
Par qui , naguere , avint cettuite affaire ,
Qui du Frocard maltraita le derriere.

Mes amis chers , ceci vous apprendra
A ne jamais vous mettre en ce cas-là ;
Car vous voyez que la prompte vengeance ,
D'un pied léger vers le crime s'élance.

George en fureur , au bruit de maint pétar ,
Menace , jure , & fait voler ſon char.
Il rencontra dame Balourderie ,
Qui s'en venait alors de l'Italie ,
Selon Pâris , où l'avait appelé
Le bruit naiſſant d'un Concile aſſemblé.

George ſentit , en la voyant paraître ,
Doux mouvement dont il ne fut le maître.
Les deux amans , l'un vers l'autre empreſſés ,

Quelques inſtans ſe tinrent embraſſés.

George lui dit : « Qu'es-tu donc devenue,

» Ma Déïté, depuis qu'on ne t'a vue ?

» Je t'avoûrai que, ſéparé de toi,

» J'étais, hélas ! moi-même loin de moi.

» Cent fois le jour, je maudiſſois l'Egliſe

» Qui m'enlevait ma chere *Balourdiſe*.

» Mais où vas-tu ? viens-tu vers ton amant

» Te délaſſer des romains protocoles ?

» Hélas ! ce cœur eſt peut-être inconſtant !

» N'allais-tu point à nos Etats des Gaules » ?

« Quoi, lui dit-elle, ah ! peux-tu bien penſer

» Que de mon cœur ton nom pût s'effacer ?

» Quand mes ſermens & ce dernier baiſer

» Ne ſeraient point garans de ma tendreſſe,

» Ignores-tu que toujours ta maîtreſſe

» Aima l'Egliſe, & les Moines ſur-tout ?

» C'eſt un penchant éternel, invincible,

» Et ſûrement vous m'affligez beaucoup

» De me piquer en cet endroit ſenſible ».

Par un baiſer qu'à ſa bouche il frappa,

Le Moine dur la ſotte conſola.

Il raconta ſes proueſſes ſans nombre,

Depuis le jour que la Belle il quitta ;

Mais il gliſſa ſur la derniere encombre.

Comme il parlait, un cri les airs perça.

Soudainement *George* les yeux baiſſa,
Et vit à terre une troupe hardie
De Paladins, qui, pour Dame ravie
Par icelui, prenant *Balourderie*,
Le défiaient par un cri menaçant,
Et leurs écus de leurs armes choquant.
Lui, peu friand des honneurs d'une joûte,
Etait d'avis de pourſuivre ſa route ;
Mais *Balourdiſe* était femme de cœur,
Et délicate envers le point d'honneur.
« Quoi, lui dit-elle, oſes-tu bien prétendre
» A mon amour, ſans oſer le défendre ?
» Va-t'en combattre, ou je fuis ſur le champ ;
» Sois brave, ou bien ne ſois pas mon amant.
» Quoi, tu te tais ! quoi, vous branlez la tête !
» Quoi, vous riez ! C'eſt ainſi qu'on me traite !
» Point ne m'aimez ». « Si fait, dit *George* ; mais »,
« Quel eſt ce mais, reprit-elle en furie?
» Va, tu n'es bon qu'à panſer des mulets.
» Voilà l'effet du ſaint vœu qui te lie !
» Lâche Frocard, Moine indigne, je voi
» Le peu d'amour que ton cœur a pour moi.
» Faut-il qu'un Moine, hélas ! me ſoit parjure » ?
　　La Dame alors emporte ſon injure,
En maudiſſant de bouche ſon amant,
Mais comme Moine encor le chériſſant.

Nos Paladins, voyant fuir *Balourdife*,
Crurent au fire avoir fait lâcher prife.
Vers le lever de l'aftre de Vénus,
Tel un renard aux jarrets étendus,
Lequel traînait dans fa gueule imprudente,
A fes petits une poule fanglante,
Aux jappemens des mâtins accourus,
Lâche fa proie, & trompe leur attente.
Nos deux amans, après de tels adieux,
Tout ftupéfaits, s'envolaient par les cieux.
    Ces Paladins étaient Henri *de Guife*,
Paul Enguerrand, & le Comte *de Blois*.
Unis de gloire & d'amitié tous trois,
Ils avaient fait enfemble l'entreprife
De délivrer *Marguerite d'Evreux*.
Depuis trois ans, cette jeune Princeffe,
Dans un défert, fur un rocher affreux,
Où fe brifait l'océan orageux,
Pleurait l'erreur d'une tendre faibleffe.
On la croyait morte depuis long-temps.
La cruauté de fes lâches parens,
Sur ce rocher l'avait feule expofée
Avec le fruit d'une innocente erreur,
Pour y mourir, au gré de leur fureur,
De faim, de honte, ou plutôt de douleur.
De maints Héros la valeur abufée

Avait long-temps cherché dans l'univers
Le bord heureux, l'impitoyable rive
Qui retenait *Marguerite* captive ;
Mais vainement. En croisant sur ces mers,
Quelques Marchands d'*Antioche* & de *Damiete*
Furent un jour portés par la tempête
Vers ce rocher, où l'amour malheureux
A relégué *Marguerite d'Evreux*.

« Oh ! si le sort vous mene en ma patrie,
Dit *Marguerite* à ces Marchands d'Asie,
» Allez à *Blois* ; mon frere en est Seigneur ;
» Découvrez-lui le destin de sa sœur,
» Car il l'ignore avec toute la terre ;
» Quand je partis, il était à la guerre,
» Et mes parens, sans doute sur mon sort,
» Auront jeté le voile de la mort ».

Le juste Ciel, vers les côtes de France,
Fit naviguer, au bout de quelques mois,
Les Nautonniers, qui, par reconnaissance,
Ou par l'attrait de quelque récompense,
Cherchent le Comte en la cité de *Blois*.

Les yeux sans cesse étendus vers la France,
Dans son désert, *Marguerite d'Evreux*
Se nourrissait d'une frêle espérance,
Depuis le jour de ce naufrage heureux.
Dans les ennuis de sa longue détresse,

Elle croyait, tantôt que les Marchands

Ont oublié ses maux & leur promesse ;

Tantôt l'espoir adoucit ses tourmens ;

Elle disait : « Je reverrai peut-être

» Ces champs fatals où le Ciel m'a fait naître ;

» J'embrasserai l'urne de mon amant,

» Cette urne, Ciel ! dont mon cœur est l'image !

« Tu pleureras, fatal & tendre enfant,

» Tu pleureras sur ce cher monument

» Où gît le cœur dont le tien est l'ouvrage !

» Son crime fut un malheureux amour,

» Et le moment qui t'a donné le jour.

» Le sort cruel refuse à ta misere

» De proférer jamais le nom de pere.

» Tu ne pourras dans le monde espérer

» D'autre bonheur que celui de pleurer.

» Si la douleur consume enfin ma vie,

» Sans nom, proscrit, tu fuiras ta patrie ;

» Dans le tombeau, je ne pourrai plus, moi,

» Te consoler, ni pleurer avec toi ;

» Le préjugé te refusera même,

» Et la douceur & le soulagement

» De confier, dans ta misere extrême,

» De tes malheurs le secret flétrissant.

» Ciel ! est-ce là la funeste espérance

» Dont je me flatte en retournant en France ?

» Ah ! rien ici n'outrage tes malheurs ;

» Tu n'y vois point les monftres déteftables

» Dont la fureur nous a trouvés coupables.

» Après mon lait , tu vivras de mes pleurs » !

   Ainfi parlait la faible *Marguerite* ,

Baignant de pleurs , ferrant contre fon fein

Ce tendre fruit de fa flamme profcrite ,

Qui la preffait d'une innocente main ,

Et fouriait à fon cruel deftin.

   Une autre fois , d'*Evreux* étend la vue

Sur cette humide & déferte étendue.

Chaque vaiffeau qui point dans le lointain ,

Lui rend l'efpoir , & l'emporte foudain.

Un foir enfin qu'en proie à fa détreffe ,

Sur le rivage elle fe défolait ;

Un bruit s'entend , & voici qu'il paraît

Trois paladins armés de toute piece.

» *Guife* , ô mon frere, ô mon frere, *Enguerrand* » !

D'*Evreux* alors tombe fans mouvement ;

Mais le plaifir la rend à la lumiere.

« Je te revois , je t'embraffe , ô mon frere » !

Monfieur *de Blois* , de pleurs de fentiment,

Baigne la fœur , & la mere , & l'enfant.

Sans fe parler , long-temps ils demeurerent ,

Et dans leurs bras tous quatre fe prefferent.

Sous un rocher d'*Evreux* les conduifit ,

Et pour repas des figues leur servit.

« O mes amis ! leur dit-elle ; ô mon frere !
» Vous la voyez la roche hospitaliere,
» Qui, dans ma peine, en son sein m'a reçu ;
» Ici trois ans ma douleur a vécu ;
» Ici naquit cette faible victime,
» Ce faible enfant dont la vie est le crime.
» Et mes parens, ils sont sans doute morts ?
» On ne saurait vivre avec les remords.

　» Ils ne sont plus, lui répondit le *Comte*.
» Dieu les frappa d'une vengeance prompte ;
» J'eus à pleurer dans le même moment
» Tant de malheurs, & celui de survivre
» A ton désastre, & ne pouvoir te suivre.
» Au premier bruit que ton fatal amant,
» Par un forfait, avait perdu la vie.
» Il accourut du fond de la *Neustrie*,
» Un Chevalier, son pere apparemment,
» Qui dans le sang de mon pere coupable
» Lava l'affront par un coup honorable.
» Bientôt ma mere expira de chagrin :
» Avec la vie expire l'infortune !
» Moi, je ne dus une vie importune
» Qu'à la rigueur de mon triste destin.

　» Je te crus morte avec la Renommée,
» Qui m'apporta ce récit dans l'armée.

» Et j'ignorais , avec tout l'Univers ,

» Les incidens de ce cruel revers.

» Mais apprends-nous ce funefte myftere,

» Enfeveli dans l'urne de mon pere ».

D'*Evreux* repart : « De mon cruel amour

» Un tel récit va rallumer la cendre ,

» Et dans mon cœur réveiller le vautour.

» O fouvenir impitoyable & tendre !

» O mon amant ! ô mon cher *Archambau* ,

» Puiffe ma voix s'entendre du tombeau !

» Dans nos foyers , près de ma mere oifive ,

« J'avais paffé mon enfance captive :

» Je vis le jour , pour la premiere fois ,

» Lorfque je fus à tes noces à *Blois*.

» J'avais quinze ans ; innocente , inconnue ,

» De maints Héros mon nom fixa la vue ;

» Mais *Archambau* , venu pour mon malheur ,

» Seul eut mon ame , & feule j'eus fon cœur.

» Il était fils d'un Guerrier de *Neuftrie* ,

» Pauvre , mais grand ; obfcur , mais vertueux ,

» Grand par lui-même , & non par fes aïeux.

» Que vous dirai-je ? il me donna fa vie ,

» Et mon amant était noble à mes yeux !

» De ma vertu la rougeur indifcrete

» Lui découvrit ma fatale défaite ,

» Et je lifais fur fon front amoureux

» Ses fentimens , & les miens avec eux.

» Ah ! j'ignorais que s'aimer fût un crime !

» Il l'ignorait sans doute comme moi ;

» Il me donna , je lui donnai ma foi ;

» De mes faveurs je parai ma victime ;

» Mais inquiete , & sans savoir pourquoi !....

» Plaisirs cruels , de combien de détresse

» Mon triste cœur a payé votre ivresse !

» Je devins grosse , & mon crime innocent

» Trahit bientôt mon malheureux amant.

» Baigné de pleurs , il va trouver ma mere ,

» Pour implorer sa générosité.

» Il était pauvre , & mon pere irrité ,

» En le voyant, saisit un cimetere.... »

« Frappez , dit-il ; mais vous êtes mon pere.

» Je dois mourir , sinon de votre main ,

» D'amour , d'horreur , de honte & de chagrin,

» Mais épargnez votre fille adorable.

» Je l'ai séduite , & voici le coupable ,

» Ce faible cœur, qui seul a fait le mal ,

» Et qui croyait le vôtre plus loyal ».

  » Ma mere alors , implacable tigresse ,

» De son époux gourmande la faiblesse,

» Et de sa main , sa main court arracher

» L'acier fatal qui semblait trébucher.

» Mon pere cede à sa bouillante rage ;

» Ma mere vole , épouvantable image !

« Ah !

» Ah ! mon amant ! ah ! ce fein adoré

» De mille coups eſt déjà déchiré !

» O juſte ciel ! ô jour que je déteſte !

» J'ai pu te voir après ce coup funeſte !

» Il expirait, & ſes derniers accens

» Etaient : Seigneur , épargnez vos enfans !

» Cher *Archambau* , peut-être que ton ombre

» Cherche d'*Evreux* ſur le rivage ſombre.

» Trop faible hélas ! ton amour ne croit pas

» Qu'elle aura pu ſurvivre à ton trépas :

» Mais j'ai vécu pour cet autre toi-même,

» Pour nous donner quelque jour un vengeur ;

» Et j'ai connu , par ma miſere extrême ,

» Qu'on ne meurt point d'un excès de douleur.

» *Alix* accourt devers une tourelle,

» Où j'attendais mon amant expiré.

» Elle me peint cette ſcene cruelle.

» Le fer en main , mon pere entre égaré.

» *Alix* s'élance ; il me frappait ſans elle.

» Evanouie & froide entre ſes bras ,

» De ſa fureur je ne me ſouviens pas.

» Le lendemain , plaintive & malheureuſe ,

» On m'envoya ſur cette rive affreuſe.

» Un mois entier je parcourus les mers ;

» Depuis ce temps , morte à tout l'Univers ,

» Livrée en proie à ma douleur profonde ,

Part. I. N

» Mon cœur n'avait pour confidens muets

» De tant d'amour & de tant de regrets,

» Que les cieux fourds, que les rochers & l'onde,

» L'onde où mes pleurs fe mêlaient nuit & jour.

» Sur ce rocher, mon fein a mis au monde

» Cet innocent, fruit d'un coupable amour ;

» Avec mon lait, il a bu l'infortune

» Que le Deftin nous a rendu commune.

   » C'était ici que je croyais mourir ;

» Ma crainte était de le laiffer, peut-être,

» Ce faible enfant, avant de fe connaître ;

» Et pour tromper ma crainte & mon loifir,

» J'avois tiffu ce berceau, pour l'y mettre,

» Et fous le Ciel, en mourant, l'envoyer

» Chercher fur l'onde un bord hofpitalier.

» Le vent un jour s'éleva fur ces plages ;

» Le ciel noirci fe couvrait de nuages,

» Et dans les flots fe brifaient les éclairs ;

» Des cris confus s'élevaient dans les airs.

» Je vois de loin fur la mer écumante

» Trois vaiffeaux prêts à périr tour à tour :

» De plus en plus redouble la tourmente ;

» Et l'horizon, dans fon vafte contour,

» Aux Nautoniers, tous glacés d'épouvante,

» Ne préfentait que des montagnes d'eau,

» Que ce rocher, & qu'un vafte tombeau.

» La mer mugit, & la vague qui brûle,

» Sur les vaisseaux fond, éclate, & recule.

» Je m'ecriai, pour épuiser mes pleurs :

» Est-ce trop peu de mes propres malheurs !

» La nuit survint ; les éclairs, le tonnerre

» Brillerent seuls durant la nuit entiere.

» Je recueillis à l'aube, sur ce bord,

» Quelques Nochers échappés à la mort ;

» Leur vaisseau seul, respecté du naufrage,

» Sous des rochers qui cintrent le rivage,

» Par le hasard avait été jeté ;

» Asile affreux, mais plein de sûreté.

» Je les rendis, par mes soins, à la vie,

» Et je vois bien qu'ils n'ont pas oublié

» Le vœu d'aller bientôt dans ma patrie,

» Que m'avait fait leur tranquille pitié ».

Monsieur *de Blois* embrassait *Marguerite* ;

Paul *Enguerrand* de pleurs baignait sa main ;

Henri de Guise, esprit tendre & chagrin,

Disait, versant des larmes d'*Héraclite* :

« Jaloux de voir son œuvre trop parfait,

» Dieu sur la terre envoya l'Intérêt ;

» L'enfer ouvrit son gouffre épouvantable,

» Et nous vomit ce monstre impitoyable.

» Dans ces beaux jours écoulés à jamais,

» Et dont nos cœurs conservent la chimere,

» Jours fortunés de candeur & de paix,
» Où Dieu fans doute habitait fur la terre,
» L'Indépendance avec l'Egalité
» Gouvernaient l'homme, enfant de la Nature,
» Et deftiné, par fon effence pure,
» A la vertu comme à la liberté.
» L'autorité de criminelles loix,
» De fes penchans n'étouffait point la voix.
» Les cœurs égaux, d'un accord unanime,
» Brûlaient fans honte & fe damnaient fans crime.
   » Mais dans le monde arrivé l'Intérêt;
» L'Egalité tout à coup difparaît,
» L'Ambition dreffe fa tête immonde,
» L'Amour en pleurs abandonne le monde;
» La Tyrannie invente les fermens;
» Le Défefpoir égare les amans;
» L'or fait des lois, & l'Intérêt amene
» Le déshonneur, les forfaits, & la haîne.
» Ah ! fallait-il, ô Ciel, dans ta rigueur,
» Captiver l'homme, & lui laiffer un cœur » !

CHANT X.

ARGUMENT.

Songe de Charlemagne, *faillie d'extravagance ; défefpoir de* Caroline ; *difcours de Dieu à l'*Ange gardien d'Antoine Organt.

DE tous les dons que le Deftin avare
A faits à l'homme, à mon fens, le plus rare
Et moins brillant, eft la *Difcrétion*.
Cette inconnue arriva fur la terre,
Apparemment du féjour du tonnerre ;
Elle amenait l'Amitié, l'Union,
L'art de régner, l'art d'aimer, l'art de vivre ;
Amour laiffa fa mere pour la fuivre,
Et la quitta depuis pour M. . . . . . ;
Elle n'avait, pour orgueilleux emblême,
Et faux garant d'un Roi déifié,
Ni fceptre d'or, ni char, ni diadême,

Comme Socrate, elle venait à pié.
Or, à la Cour, avint cette merveille.

   Discrétion vit dans ce beau pays
Peuple protée & peuple de fourmis,
D'un Roi berné coupables favoris,
Main dans sa poche, & bouche à son oreille,
Adulateurs semblables à l'abeille,
Ayant son miel, ayant son aiguillon,
Son avarice, & non pas sa raison;
Son temps, sa fin, son utilité, non.
Elle vit là l'Adolescence grise,
L'Intrigue fausse, habillée en Franchise,
L'Esprit lui-même adorant la Sottise;
Ce grand pipeur, appelé le Renom,
Dans le tissu d'un rêts imperceptible
Prenant l'Orgueil, malgré l'homme sensible;
Le Crime heureux, à l'abri d'un nom grand,
Et l'Amitié qui rit amerement.
Discrétion s'aperçoit que l'on passe
par une porte assez large, mais basse;
Si que les gens avaient souvent l'affront,
Quand ils entraient, de se casser le front:
Elle remarque un Courtisan comme elle,
Franc sans ivresse, & noble sans fierté:
Il avait l'air d'aimer la vérité;
S'il la voilait, c'était sans lâcheté.

« On eſt encore à mon culte fidele

» Dans ce pays ſi faux » , ſe diſait-elle.

Elle l'aborde , & tirant ſon bonnet ,

Sur un front jaune , elle lut : *Intérêt.*

Diſcrétion quitte cette contrée ,

A l'avarice , au parjure livrée ,

Et va chercher dans ce vil univers

Un cœur ou deux à ſon amour ouverts.

Elle chemine ; elle voit à la ville

Le citadin dénigrer ſon voiſin ,

Dans le moutier , ſéjour morne & tranquille ,

La Nonnain pie aboyer la Nonnain ;

Dans ſon déſert un Hermite hypocondre ,

Contre le monde en plaintes ſe morfondre.

Diſcrétion , à ces triſtes portraits ,

Fondit en pleurs , & partit pour jamais.

J'en veux venir de ce trait de morale

Au camp de *Charle* , où l'Indiſcrétion

Vient d'allumer une ſcene fatale.

Mathieu prétend que l'adreſſe infernale

En fut la cauſe ; on peut croire que non.

Charle , éveillé par un ſonge funeſte ,

Un beau matin l'aurore devançait ,

Et dans le camp , rêveur , ſe promenait.

Il va trouver ſon Aumônier *Placet.*

« Réveillez-vous , Pere , dit-il : malpeſte ,

» Certain souci me trouble ce matin ».

Ce Directeur complaisant & benin ,
Par une tendre & charitable adresse ,
De l'Empereur chatouillait la faiblesse.
Le Révérend de saint homme *Placet*
A l'Empereur avait fleuri la voie
Pour arriver à l'éternelle joie.
Avec candeur Charlemagne péchait ,
Ses crimes saints le Pactole lavait.
Pauvres humains , que de pareils Apôtres
Vivent ainsi des sottises des autres !
Il faisait nuit quand *Charlemagne* entra.
Le Révérend en sursaut s'éveilla.
Une fillette , en sa couche bénite ,
Se tapissait ; aimable Néophite ,
Elle cherchait , dans les bras du Pasteur,
L'illusion des bras du doux Sauveur.
Le *Révérend* , comme quand on s'éveille ,
Tremblant de peur , soupire , étend les bras.
« Quoi si matin Votre Majesté veille » !
Dit-il au Roi. *Annette* , au fond des draps ,
Furtivement nichait ses doux appas.
Sur ses genoux sa gorge palpitante
Donnait au lit un tendre mouvement ,
Fait pour le cœur d'un moins grossier amant.

Charles disait : « Un songe me tourmente ;

» Un Négroman, autrefois m'a prédit,

» Que quand ma femme aurait mis à ma place

» Quelque galant, j'en rêverais la nuit,

» Et j'ai rêvé : ce souvenir me glace.

» Je la voyais ! Non, j'ai fermé les yeux,

» Pour ne rien voir de ce crime odieux.

» Las ! j'entendais sa bouche, autrefois tendre,

» Mille baisers & recevoir & rendre.

» Je l'entendais ; & me croyant déçu,

» Elle pâmait, disant, il est cocu.

» Mon Révérend, une action si noire

» Sera toujours présente à ma mémoire».

Et cependant *Annette* se disait

En tremblotant : *Mon mari, s'il rêvait !*

Le *Révérend,* craignant que la lumiere

Ne les surprit dans de tels entretiens,

Lui repartit qu'on rêvait le contraire

Le plus souvent ; que les Magiciens

N'étaient jamais que des mauvais Chrétiens,

Des imposteurs abusés par les Diables,

Et qui vendaient de criminelles fables ;

Que *Cunégonde* était sage au surplus,

Qu'on la voyait tous les jours à la messe,

Et qu'elle avait chez elle des *agnus.*

Ergo, dit-il, le souci qui vous presse

Est une erreur, un péché. Dans ce cas,

Répondit *Charle*, il faut le croire... *Hélas!*
Charle s'éloigne, & le Pere, fort aise,
Rassure *Annette*, & l'embrasse, & la baise.
　　Partant, *Annette* attendait le matin.
Démangeaison d'évaporer le songe !
La nuit, trop lente à son gré, se prolonge ;
Elle le dit à certain Paladin
Sous le secret ; il jure sa tendresse ;
Et sur la foi de semblable promesse,
Un sien ami le sut au même instant ;
Un autre, bref, fit le même serment ;
Un autre après. La nouvelle discrete,
De bouche en bouche allait se grossissant.
La Renommée enfin prit sa trompette,
Et la sonna tout au travers du camp.
Le Révérend fut quereller *Annette* ;
Annette fut laver le Paladin,
Et celui-ci, son ami, qui soudain
Va gourmander son bavard interprete.
Celui-ci va se plaindre à son voisin ;
Si qu'à la fin, de querelle en querelle,
Cette fureur devint universelle.
Chacun prend feu, l'on voit couler le sang,
Et ce n'est plus qu'un vaste embrâsement.
L'acier fatal en tous lieux étincelle.
Tous nos Messieurs voulaient avoir raison ;

Ils fe difaient, vous me la baillez belle ;
Et furieux, dans leur opinion ,
Etabliffaient , au bout de leur épée ,
Le fentiment de leur tête éventée.
Ceux qui n'étaient du funefte fecret ,
Prenaient parti pour un tel qu'on roffait.
L'un effayait fa benoite éloquence ,
Et la réponfe était un coup de lance.
Vous prétendrez qu'à vous feul , difait l'un ,
Le Ciel aura donné le fens commun ?
Et vous voulez, *par Saint-Jean* , difait l'autre,
Berner mon fens , & que je fois du vôtre ?
Oh ! de pardieu , le fer décidera
Lequel des deux le mieux raifonnera ;
Puis on jurait. Le glaive heurte le glaive ;
L'un , fe roulant , demande qu'on l'acheve;
Par-tout des cris , par-tout des hurlemens ,
Des coups de fabre & de beaux argumens.
Notre *Empereur* , enfermé dans fa tente ,
Dans le tokai noyait fon épouvante ;
Par-tout les chefs allaient criant : Meffieurs !...
Et finiffaient par fe battre avec eux.
    Le jeune *Page* , amant de *Caroline* ,
Tombe mourant , atteint de part en part ,
Du coup vaillant d'un rude braquemart.
La courageufe & fenfible héroïne

A son secours volait de rang en rang.

Elle le trouve ; il était expirant.

A ses sanglots, sa paupiere se rouvre,

Et le trépas d'un nuage la couvre.

Elle l'appelle, il n'entend plus sa voix ;

Elle baignait de ses naïves larmes

Ce corps chéri, ce corps si plein de charmes.

« Quoi tu n'es plus ? disait-elle parfois ;

» Quoi je vivrai sans toi, mon tendre Page !

» Mais le trépas a glacé ce visage ;

» C'en est donc fait » ! A ces funestes mots,

Désespérée, au travers la campagne,

Bientôt du Rhin le rivage elle gagne,

Pour y noyer sa douleur dans les flots.

Tous les rochers de cette triste plage

Se renvoyaient : *O douleur! ô mon Page!*

Un vieux Pasteur des vallons d'alentour

Avait mené ses troupeaux sur la rive,

Aux cris touchans de la Reine plaintive ;

Il accourut, inspiré par l'Amour :

Il la surprend, éperdue, interdite,

Dans le moment qu'elle se précipite.

« Que faites-vous » ? lui dit-il en courant.

— Je veux mourir, & suivre mon amant ».

Ce bon vieillard, en pleurant avec elle,

Crut adoucir sa détresse mortelle.

« Tu n'a jamais aimé, lui difait-elle,

» Levant les yeux & pouſſant un ſoupir ;

» Car ta pitié m'aurait laiſſé mourir.

   » Mon Page eſt mort, & tu veux que je vive !

» Ne faut-il pas que mon ame le ſuive ?

» Un amant cher peut-il être oublié ?

» Un cœur peut-il vivre ſans ſa moitié ?

» Comment veux-tu, mon pere, qu'il ſoutienne

» De ſon bonheur le triſte ſouvenir ?

» Comment veux-tu qu'il regarde ſans peine

» L'eſpoir trompé d'un ſi tendre avenir,

» L'affreux tableau d'un bonheur qui m'échappe,

» Mon amant mort, & le coup qui le frappe ;

» Ce ſein percé, ce ſein jadis charmant,

» Froid, ſans amour, & baigné de ſon ſang ?

» O ciel ! reprends & ma gloire & mon trône ;

» Sans le bonheur, qu'eſt-ce qu'une couronne » ?

« Lorſqu'au Deſtin il a plu de ſévir,

Dit le *vieillard*, qui la voit égarée,

» Il faut céder, ma fille ». — Il faut mourir !

Répond la *Reine*. A ces mots, effarée,

Elle ſe leve, & veut chercher la mort.

Le bon Paſteur l'arrête avec effort.

« Je vous ſuivrai, diſait-il, dans le fleuve,

» Et vous ſerez cauſe que mes enfans,

» Que mes enfans & ma mourante veuve

Part. I.   O

» Rempliront l'air de leurs cris languiſſans.

» Avec horreur ils liront ſur le ſable,

» De mon trépas le ſecret déplorable.

  » Songez encor, ſi ce faible intérêt

» Ne peut fléchir un coupable projet,

» Que votre mort, outrageant la Nature,

» Laiſſe un amant privé de ſépulture.

» Venez lui rendre encore cet honneur ;

» Mourez après, mais mourez de douleur » !

  Les yeux au Ciel, la touchante héroïne

Devers le camp avec lui s'achemine.

  L'aveugle rage avait fait place enfin

Au repentir, aux regrets, au chagrin.

L'un pleure un fils, un autre pleure un pere ;

Pour un ami, l'autre ſe déſeſpere.

On n'entendait que des cris de douleurs ;

On ne voyait que du ſang & des pleurs.

  Vers ſon amant, *Caroline* s'élance,

Baiſe ſon ſein, ſa bouche, ſes beaux yeux,

Et des ſanglots ſont ſes derniers adieux.

Quatre ſoldats mettent en croix leur lance,

Et vers le Rhin emmenent le Guerrier

Sous les rameaux d'un pâle peuplier.

  Le bon vieillard, par aventure eſſaye

Un baume heureux qu'il répand dans la plaie ;

Bientôt après il entend un ſoupir ;

Il voit ses yeux & sa bouche s'ouvrir.

Qui pourrait peindre & l'ivresse imprévue,

Et les transports de la Reine éperdue?

Morne, son cœur est passé dans ses yeux,

Et ses regards s'attachent vers les cieux.

 Laissons le Rhin & ses bords odieux,

Dressons mon vol dans le séjour des Dieux.

L'Agneau de paix, qui défend qu'on se venge,

D'*Antoine Organt* appelle le *bon Ange*

Près de son trône, & se signe, & lui dit :

« Mon cher *Gardien*, vous savez que Dieu lit

» Au fond des cœurs, & sait ce qui s'y passe;

» Or j'ai surpris dans le vôtre un dessein

» Contre le *fils* de mon Prélat *Turpin*.

» Vase de paix, je vous demande en grace

» D'oublier tout, & de lui pardonner :

» C'est un enfant que je voudrais sauver ;

» Et puis sachez que le sort de la France

» Est dans ses mains, & que c'est à lui seul

» Qu'il est permis de tourner cette chance.

» Ainsi, volez près de votre filleul,

» Formez son cœur, adoucissez sa bile,

» Apprivoisez son humeur indocile.

» Je veux encor l'éprouver quelque temps,

» Et l'amener, par des chemins glissans,

» Aux mœurs dévots de Soldat d'Evangile.

» Oubliez tout , & pardonnez tout ; car
» Nous le voulons , & buvez ce nectar ».
L'*Ange* voulut répondre. Dieu le pere
Dit : *Uriel* , *préparez mon tonnerre !*

Fin de la premiere Partie.

www.ingramcontent.com/pod-product-compliance
Lightning Source LLC
Chambersburg PA
CBHW050012100426
42739CB00011B/2610